ARCHIVOS DEL PRESIDENTE JOSÉ AZCONA

Notas de Prensa. Mayo de 1987

MERENDÓN

COLECCIÓN

ARCHIVOS DEL PRESIDENTE JOSÉ AZCONA
(Notas de prensa, mayo de 1987)

©Colección MERENDÓN
Supervisión Editorial: Óscar Flores López
Diseño de portada: Andrea Rodríguez-Lilyana Gálvez
Administración: Tesla Rodas y Jéssica Cordero
Director Ejecutivo: José Azcona Bocock

Primera Edición
Tegucigalpa, Honduras—junio de 2024

"SALDRÉ DE LA PRESIDENCIA DE LA REPÚBLICA CON LA FRENTE EN ALTO"

Estos volúmenes del archivo José Azcona Hoyo de la Colección Merendón nacen de los documentos que dejó mi papá al fallecer. Hubiese sido su voluntad que la información fuese compartida con todas las personas que deseen acceder a la misma.

La colección incluye un registro de publicaciones periódicas contemporáneas con los hechos, informes de gobierno y otros documentos anexos. La edición que hoy publicamos contiene los archivos de prensa de los diarios La Tribuna, El Heraldo, La Prensa y Tiempo del mes de mayo 1987.

El cuidado y divulgación de documentos históricos tiene dos componentes importantes. El primero, y condición necesaria para el segundo, es la conservación de la información para su posterior uso. La función primaria se ha logrado durante las décadas que este archivo ha estado bajo custodia de mi madre, Miriam Bocock de Azcona, y se espera lograr darle un hogar definitivo permanente.

La segunda función se cumple con la publicación de este archivo. El mismo se ha organizado, capturado digitalmente, convertido a texto, editado y publicado de una manera sistemática.

La intención es que el mismo sea accesible, a un costo económico, para quienes deseen conocer mejor este importante periodo de la historia de Honduras.

Adicionalmente, que sirva de fuente para investigadores que se interesen en los temas cubiertos por el mismo. Un complemento importante es que se pretende tener estas obras en una edición disponible de forma permanente, para garantizar el acceso al mismo a futuro

Hemos cuidado de hacer edición para garantizar: que no haya errores y facilidad de búsqueda. La intención no es distorsionar el archivo para favorecer o perjudicar imágenes, sino conservarlo y compartirlo en forma íntegra.

La edición que hoy publicamos contiene, entre otros temas, la difícil situación del director del Instituto Nacional Agrario, Mario Espinal, cuya "cabeza" es exigida por los diferentes grupos campesinos. "Nos vamos a la huelga general", advirtieron. A pesar de eso, el Presidente mantendrá el apoyo a uno de sus hombres de confianza y no dará su brazo a torcer.

La Tribuna informará el 26 de mayo que la gira del mandatario a Países Bajos y luego a Israel se trata de "la primera vez en la historia de Honduras que un mandatario realiza una visita oficial a países fuera del continente americano".

"Voy a salir de la presidencia de la República con la frente en alto, sin ninguna vergüenza que ocultar", declarará durante ese mes el Gobernante en una reunión con los aspirantes presidenciales del Partido Liberal.

Los liberales se tendrán que enfrentar a la joven y carismática figura en la que el Partido Nacional apuesta todo para llegar al poder: Rafael Leonardo Callejas.

Mientras tanto, el canciller hondureño Carlos López Contreras, y su homólogo de El Salvador, Ricardo Acevedo Peralta, ultimaron detalles sobre los mecanismos de consulta, plazos y otros procedimientos que se usarían en el litigio que se ventilará en La Haya para definir la frontera entre ambos países. Como se ve, mayo de ese año estuvo lleno de emociones.

JOSÉ S. AZCONA B.

"JUEGO LIMPIO" PIDE AZCONA A CANDIDATOS

"Un cambio de impresiones" en las que abundaron los deseos de fomentar la unidad del Partido Liberal expresaron los precandidatos en reunión sostenida el jueves en horas de la noche, a la que asistió el presidente de la República y altos funcionarios de la administración. Azcona reiteró su propósito de no apoyar a ninguno de los aspirantes liberales en la contienda interna, aunque respaldará al triunfador para presentar un "fuerte adversario" al candidato nacionalista. (Foto Salinas).

La Prensa/9 de mayo de 1987

MINISTRA RENUNCIARÁ SI AZCONA SE LO PIDE

TEGUCIGALPA. -La ministra de Educación Pública, Eliza Valle de Martínez, está dispuesta a renunciar de su cargo si se lo pide el presidente Azcona.

Dijo que es falso que no se atiendan a los seguidores del ingeniero Azcona en su cartera ministerial y una demostración es que la mayoría de personas que allí trabajan no han sido separadas de sus cargos.

Sostiene que no existe rivalidad política con el viceministro Cecilio Silva en lo referente a su persona como funcionaria y que los criterios emitidos por él al respecto son personales.

Señala que está satisfecha de la labor que ha realizado en el ministerio, cumpliendo con la política de la actual administración, por lo tanto, está dispuesta a presentar su renuncia si el mandatario se la solicita.

La funcionaria sostiene sus intenciones de colaborar en todo lo posible con el gobernante hondureño, como parte de su obligación, al asumir la responsabilidad en dicha cartera ministerial.

No quiso entrar en detalles sobre las divergencias que se asegura, existen entre ella y el viceministro Silva, pues considera que su función como la de todos los altos funcionarios públicos, es la de trabajar en beneficio de la comunidad.

La Prensa/8 de mayo de 1987

"JUEGO LIMPIO" PIDE AZCONA A CANDIDATOS

TEGUCIGALPA. - "Voy a salir de la presidencia de la República con la frente en alto, sin ninguna vergüenza que ocultar", declaró el mandatario José Azcona en una reunión con los aspirantes presidenciales del Partido Liberal.

Azcona se reunió antenoche con los aspirantes liberales a la Presidencia de la República a excepción de Carlos Montoya y Jorge Roberto Maradiaga, para despedir al doctor Carlos Roberto Reina que próximamente viajará a La Haya, Holanda, a defender los intereses del país en el juicio que resolverá los problemas limítrofes con El Salvador.

La mayoría de los políticos reunidos tomaron la palabra y hablaron de la situación interna del partido, resaltando que la unidad es necesaria para salir victoriosos en las siguientes elecciones generales.

El encuentro, considerado como una reunión social, fue celebrado en la casa de habitación del ministro de Salud, doctor Rubén Villeda Bermúdez, asistiendo también Céleo Arias Moncada, presidencia, Efraín Bú Girón, Hacienda y Reginaldo Panting Economía.

NO TOMARÉ PARTIDO POR NADIE

El Presidente de la República, en un discurso improvisado, expresó a los precandidatos "que no tomaré partido por nadie ni voy a apoyar abiertamente a nadie, pero el candidato que salga contará con mi apoyo y con el de todos los liberales".

"Creo que el Partido Liberal se va a unir", dijo el gobernante, quién agregó que "no es posible que el Partido Liberal en dos períodos de gobierno saque al país del abandono en que lo dejaron, por lo que se necesitan dos o tres gobiernos liberales más para hacer algo por Honduras".

Recordando el I manifiesto liberal de Roma, de 1981, Azcona afirmó que "no hay paraíso en la tierra, los pueblos que han elevado a estadios superiores, de bienestar, lo han hecho a base de esfuerzos, de democracia y de honestidad".

Al referirse a la participación de un presidente en política y aludiendo a actos de corrupción, manifestó, que en 1990 saldrá de la casa de gobierno con: "la frente en alto, como entró a ella, sin ninguna vergüenza que ocultar".

"Pido a los liberales hondureños que tengamos fe en nuestro partido y fe en Honduras y en los hombres que, por cualquier circunstancia, sean buenas o malas, el presidente de la república los escogió para que lo acompañaran en su gobierno", dijo Azcona.

"Panting (al referirse al ministro de Economía), está demostrando que es un hombre ejecutivo y que ha hecho más que los ministros de Economía anteriores, aunque hayan sido técnicos".

Azcona Hoyo sugirió a los cinco aspirantes presidenciales que "jueguen limpio", en las elecciones.

Por su lado, Ramón Villeda Bermúdez, uno de los precandidatos dijo que con este tipo de reuniones "buscamos un camino para la unidad del liberalismo, o sea, una tesis orientada a un entendimiento mediante una salida democrática a los problemas del partido".

De los aspirantes presidenciales estuvieron presentes Ramón Villeda Bermúdez, William Hall Rivera, Enrique Ortez Colindres, Carlos Roberto Flores y Carlos Roberto Reina.

Azcona Hoyo escucha con atención la intervención del aspirante presidencial Villeda Bermúdez durante un convivio celebrado en casa del Ministro de Salud Pública. (Foto Aulberto Salinas).

La Prensa/9 de mayo de 1987

LIBERALES BUSCAN BUEN RIVAL PARA CALLEJAS

TEGUCIGALPA. - El presidente José Azcona se reunió en esta capital con los precandidatos presidenciales en busca de un buen rival para Rafael Leonardo Callejas.

Así lo declaró Carlos Roberto Reina, precandidato liberal, luego de finalizar la reunión.

Dijo Reina que Azcona fue categórico al señalar que no respaldará a ningún precandidato, pero que está interesado en que sus correligionarios lleguen a un acuerdo para la selección del candidato liberal, que tendrá que enfrentarse a Callejas.

Es del criterio que un buen gobierno liberal contribuirá al triunfo del partido pero eso no es todo, sino que se debe presentar un candidato.

Señaló Reina que estará presente en la convención del Partido Liberal ya que tiene esperanzas de que la elección del Consejo Central Ejecutivo será el principio de la unidad de su partido.

Sostuvo que si el partido en el poder no se unifica existirá el peligro de que el futuro gobierno sea conservador, refiriéndose a los nacionalistas.

La Prensa/9 de mayo de 1987

Ya no despedirán a nadie
MINISTROS CONTROVERSIALES APRUEBAN EXAMEN QUE LES HIZO EL PRESIDENTE

El presidente José Azcona Hoyo concluyó ayer la evaluación de los ministros Reginaldo Panting, de Economía, Efrain Bú Girón, de Hacienda y Mario Espinal del Instituto Nacional Agrario (INA), y llegó a la conclusión que no hay motivo alguno para separarlos de sus cargos.

El vocero presidencial Marco Tulio Romero, dijo que el presidente Azcona considera que esos ministros están trabajando bien y cumpliendo con el desarrollo de los programas que se les han encomendado.

Romero confirmó que los ministros le enviaron al presidente sendos informes sobre la marcha de los asuntos en sus respectivas dependencias. Sin embargo, no precisó si los informes fueron solicitados por Azcona o los funcionarios los enviaron por iniciativa propia.

En el caso del ministro de Hacienda, el presidente sostuvo que ha mejorado la captación de ingresos para la Tesorería General de la República en relación al año anterior y, según Romero tal desempeño más bien ratifica en el cargo al expresidente del Congreso Nacional.

En igual forma se pronunció con respecto al director del INA, "cuyo informe demuestra que ha llevado a cabo acciones positivas en el agro y en el impulso de la reforma agraria y por ello seguirá en el cargo", según el portavoz gubernamental.

En definitiva, Romero reafirmó que no se producirán cambios en el Gabinete de Gobierno y añadió que el presidente Azcona considera que no es un sector fuerte el que le está pidiendo remociones en su equipo de trabajo.

El Heraldo/9 de mayo de 1987

ESTA SEMANA INAUGURARÁN EL NUEVO HOSPITAL DE COMAYAGUA

COMAYAGUA (Por Julio César Turcios). - El presidente de la República, José Simón Azcona, manifestó que la próxima semana inaugurará el nuevo Hospital Regional de Comayagua.

Azcona no confirmó la fecha en que se realizarán los actos de inauguración, pero sí dijo que sería durante los días de semana, ya que el domingo estará en Yoro para firmar el contrato de electrificación de la primera etapa que abarca el sistema que parte de El Progreso a El Negrito, Morazán, Yoro, Jocón y otras comunidades.

Este nuevo hospital se ha construido a un costo aproximado de 6 millones de lempiras, el cual vendrá a solucionar los diferentes problemas de salud que actualmente vive la población de esta Zona Central.

Al mismo tiempo manifestó Azcona que en esta semana se inician posiblemente los trabajos de pavimentación entre Comayagua hasta Piedras Azules, en la carretera que va al municipio de La Libertad.

AZCONA RATIFICA A ASPIRANTES, QUE AÚN NO TIENE CANDIDATO

Hasta que sea seleccionado por el liberalismo

El mandatario José Azcona ratificó a los aspirantes presidenciales del Partido Liberal su decisión de no apoyar políticamente a ninguno de ellos, sino hasta que surja el candidato oficial de ese instituto político.

Lo anterior lo expresó en una reunión realizada antenoche en la residencia del ministro de Salud Pública, Rubén Villeda Bermúdez, para despedir a Carlos Roberto Reina quien viajará la próxima semana a La Haya, Holanda, donde defenderá los intereses de Honduras en el diferendo fronterizo con El Salvador.

A la cita asistieron Enrique Ortez Colindres, Carlos Roberto Flores, William Hall Rivera, Ramón Villeda Bermúdez y Céleo Arias Moncada, en representación éste último del movimiento de la Ortodoxia Oficialista y solamente estuvieron ausentes Carlos Montoya, que está en Alemania y Jorge Maradiaga, en gira por Santa Bárbara.

El acto, además de tener como objetivo la despedida de Reina, sirvió de marco para que el presidente Azcona dialogara con los precandidatos liberales, en lo que se calificó un encuentro fecundo, a iniciativa del ministro de Salud Pública.

Varios asistentes hicieron uso de la palabra, augurándole a Carlos Roberto Reina éxito en la Corte Internacional de Justicia ante el problema limítrofe con El Salvador, que fue considerado como más peligroso que el problema existente con Nicaragua.

No obstante que la reunión sería como carácter social, la presencia de los pre-candidatos le dio otra tónica y además asistieron Alejandrina Bermúdez de Villeda Morales, Jorge Bueso Arias, Marcelino Ponce Martínez, Juan Fernando López y otros destacados liberales entablándose un diálogo de altura en pro de los intereses del Partido Liberal.

Aunque la reunión fue concebida como un acto social, la presencia de los pre-candidatos le dio otra tónica.

Además, asistieron el designado presidencial Alfredo Fortín, Alejandrina Bermúdez de Villeda Morales, Andrés Alvarado Puerto, Marcelino Ponce Martínez, Jorge Arturo Reina y los ministros Céleo Arias, Reginaldo Panting y Juan Fernando López.

Se decidió realizar una reunión posterior, donde se continuará dialogando sobre la unidad liberal y los propósitos de acercamiento entre los líderes del Partido Liberal.

Jorge Arturo Reina al momento de saludar al presidente José Azcona.

La Tribuna/9 de mayo de 1987

<u>Carlos Roberto Reina</u>
PRESIDENTE SE COMPROMETIÓ A TRABAJAR POR UNIDAD LIBERAL

***Porque si no hay suma de los votos de los precandidatos, próximo gobierno sería conservador.

El aspirante presidencial Carlos Roberto Reina sostuvo que la reunión de precandidatos podrá marcar la pauta para lograr la unidad del Partido Liberal, "porque si no se logra ese propósito, si no hay suma de los votos liberales, el próximo gobierno sería conservador y eso afectaría mucho la estabilidad de Honduras".

Considera que el problema de la unidad liberal es fácil de resolver y esto se planteó en la reunión, señalándose que el partido se une cuando las reglas de participación son limpias y una vez que se elijan las nuevas autoridades se logrará esa unidad.

Esto no debe entenderse, dijo, como que no habrá aspirantes, pero no división, sino la decisión de apoyar al candidato que surja de unas elecciones absolutamente limpias.

Señaló que todos los asistentes se mostraron optimistas, porque es la primera vez que el presidente José Azcona y los precandidatos se reúnen para hablar con relación a la unidad del Partido Liberal y su problemática, lo cual fue planteado ampliamente en todos los discursos.

La posición del presidente Azcona, afirmó, "fue muy elevada" y prometió hacer todo lo posible para lograr la unidad del partido y de toda la nación.

Reina apuntó que "Azcona no había tenido recientemente ningún acercamiento con el precandidato Carlos Roberto Flores y ahí se vio una gran cordialidad, lo cual se considera como muy positivo y optimista dentro de los propósitos de unificación liberal y de entendimiento entre sus líderes".

La Tribuna/9 de mayo de 1987

RAVIBER: NO UTILIZAR PODER NI EL PARTIDO A FAVOR DE NADIE

El precandidato Ramón Villeda Bermúdez, sostuvo que en la reunión con el presidente José Azcona se observó un alto civismo, "especialmente entre aquellos que buscamos en forma real y no por planteamientos idealistas, la unidad del Partido Liberal a través del respeto a cada uno de los precandidatos y que no se utilice ni el poder público ni el partido a favor de nadie".

Agregó que el mandatario manifestó algo que para él fue trascendental, recordando que no sólo es presidente de los liberales, sino que de todos los hondureños. Ratificó el compromiso ya manifestado en otras oportunidades de no apoyar a ninguno de los precandidatos, pero que cualquiera que escoja el pueblo, contará con su respaldo.

Villeda Bermúdez aclaró que en ningún momento se está proponiendo la precandidatura de Carlos Roberto Reina y "no entiendo de dónde ha nacido esa idea, porque por lo menos en mi grupo jamás se ha hecho ese planteamiento".

Afirmó que "todos los precandidatos expresaron que están dispuestos a deponer sus aspiraciones, una vez que el pueblo escoja a cualquier candidato".

Si Reina llega a obtener esa posición por la vía de la consulta popular, afirmó, se debe tener la seguridad que los demás precandidatos no dudarían ni un momento en brindarle su respaldo.

"Mi intervención, dijo, se cifró más que todo en la necesidad de que el partido fortalezca la nueva energía que tiene el país, que es la juventud".

La Tribuna/9 de mayo de 1987

DON JAIME ROSENTHAL OLIVA, AZCONA Y ALFONSÍN

Por: JOSSUE ALVARADO

Don Jaime Rosenthal ha quedado bien con el pueblo, con nuestra patria herida, reducida, robada e ignorada por algunos de sus malos hijos, siempre hay traidores y siempre habrá caínes, pero lo extraordinario de don Jaime es que nadie lo puede acusar de resentido social, de amargado, de político barato o de pobre diablo ignorante.

Don Jaime es de alta alcurnia, rico, extraordinario economista y un gran conocedor de la patria que lo vio nacer; pero da risa y hasta cólera escuchar a los eternos roedores del país decir: ¿pero porque no da los nombres de los corruptos? O esa otra: Jaime por miedo no dijo nada; ¡Que gente ésta!, no quieren entender que, si yo digo que en 1980 en la empresa X, se malgastaron veinte millones de lempiras, de hecho, me estoy refiriendo a alguien que en esa fecha era gerente de la mencionada empresa, pero qué cinismo de estos nuevos millonarios. Don Jaime ha puesto el dedo en la llaga y son los justicieros los llamados a cumplir con sus obligaciones para la cual se les paga, don Jaime debe ser presidente de Honduras porque, es más, mucho más que esos aspirantes que entre todos no se hace uno.

Ingeniero Azcona: actualmente la sociedad hondureña se agrupa alrededor de nuestro presidente, en busca de alternativas o soluciones a los problemas que nos agobian, pero sin sanear la economía del país, ¿cómo es posible que el pueblo reciba ayudas directas que mengüen las cargas que lo encorvan? En nuestro país se puede ser comunista, liberal, nacionalista, demócrata cristiano y pinuista, pero ¿qué se obtiene con arroparse con cualquiera de estas ideologías cascarónicas?, nada, absolutamente nada, el pobre seguirá siendo pobre y la patria seguirá sin desarrollo y lo peor, vendida hasta su última arena, el ingeniero Azcona como buen demócrata debe de apoyar al ingeniero Rosenthal Oliva porque en definitiva es lo mejor que le rodea.

El presidente de los argentinos, señor Alfonsín, ha tomado un Socialismo Democrático, va caminando por un sendero de luz donde reina la situación IDEAL; una sociedad en la que prevalezca la igualdad, la justicia social, la libertad y la solidaridad, el señor Alfonsín nos está enseñando a corregirnos y a ser mejores ciudadanos. Aprendamos.

Tiempo/9 de mayo de 1987

AZCONA: MÁS DE DOS GOBIERNOS DEMÓCRATAS REQUERIRÁ HONDURAS

"Vamos a electrificar a Honduras con el esfuerzo de la Empresa Nacional de Energía Eléctrica (ENEE), así como también abriremos más caminos vecinales con el apoyo de los organismos crediticios internacionales", afirmó el presidente José Azcona, al inaugurar el sistema eléctrico de El Rosario, Comayagua, el pasado fin de semana.

Durante su intervención, el mandatario reconoció que las obras emprendidas por su administración son apoyadas fuertemente por la Agencia para el Desarrollo Internacional (AID), El Banco Interamericano de Desarrollo (BID) y otros entes crediticios y gobiernos amigos.

"Pero las necesidades de Honduras son tan grandes, dijo, que requerirá no solamente de los gobiernos liberales, de dos gobiernos demócratas, sino que de muchos gobiernos con un signo democrático y con un signo de trabajo y honestidad".

También, señaló, "es importante que este pueblo sienta que hay que trabajar por Honduras y que no basta hacerlo como tradicionalmente estamos acostumbrados, sino con más fuerza para el progreso del país".

"Lamentablemente, agregó, el país no está pasando una bonancible situación económica y ello repercute negativamente para llevar adelante los proyectos de desarrollo que necesita el país; sin embargo, enfatizó que su gobierno seguirá esforzándose por el progreso nacional".

La obra está valorada en 250.000 lempiras y beneficiará a las comunidades de El Rosario, Santa Rita de los Empates, Tierra Colorada, El Tamboral, Carbonera, El Motatal, Ilamapa y Agua Salada.

Por su lado, el gerente de la ENEE, Jack Arévalo Fuentes, anunció la electrificación total del departamento de Intibucá, como parte de las acciones que ejecutará la institución dentro de los próximos días.

Dijo también que con instrucciones del presidente Azcona se procederá en breve a realizar los proyectos de electrificación de las comunidades garífunas, citando el municipio de Balfate para beneficiar a los residentes de Río Esteban, Santa Fe, Santa Rosa de Aguán y Puerto Limón.

El presidente José Azcona se dirigir a los habitantes de El Rosario, al inaugurar el sistema eléctrico de esta comunidad (*Foto Daniel Trejo*)

La Tribuna/11 de mayo de 1987

11

AZCONA SE REÚNE CON PRECANDIDATOS

***Despidieron a Carlos Reina

TEGUCIGALPA. - El presidente José Azcona Hoyo y los precandidatos presidenciales liberales se reunieron el jueves en la noche para dialogar sobre la necesidad de la unidad del Partido Liberal.

La reunión fue promovida por el ministro de Salud Pública, doctor Rubén Villeda Bermúdez, y la misma tuvo como objetivo también despedir al doctor Carlos Roberto Reina, quien la próxima semana partirá para La Haya, Holanda, para dirigir la defensa de Honduras ante la Corte Internacional de Justicia sobre el diferendo con El Salvador.

En la reunión participaron los precandidatos Carlos Roberto Flores Facussé, Ramón Villeda Bermúdez y Enrique Ortez Colindres, y los destacados políticos Jorge Bueso Arias, Marcelino Ponce y otros.

Asimismo, participaron el ministro de la Presidencia, Céleo Arias Moncada, el secretario privado del Presidente de la República, William Hall Rivera, y el ministro de SECOPT, Juan Fernando López.

Ramón Villeda Bermúdez dijo que, en la reunión, realizada en la residencia de su hermano Rubén, no estuvieron presente los precandidatos Carlos Orbin Montoya y Jorge Roberto Maradiaga, porque el primero se encuentra en Europa y el segundo en Santa Bárbara.

Villeda Bermúdez manifestó que el presidente Azcona ratificó en esa reunión que no apoyará a ningún precandidato, pero que el candidato que escoja el pueblo liberal contará con su respaldo.

Aseguró que de ninguna forma se trata de promover al doctor Carlos Roberto Reina como candidato único del Partido Liberal. "yo no sé dónde ha nacido esa idea, allí todos los precandidatos dijeron que estaban dispuestos a deponer sus aspiraciones una vez que el pueblo escoja a cualquier candidato, si Carlos Roberto Reina llegase por la vía de la consulta a tener mayoría popular, nosotros no dudaríamos un segundo en respaldarlo", añadió.

Bermúdez señaló que el Partido Liberal tiene más de siete líderes, pero todavía no emerge una figura prominente sino hasta que el pueblo liberal se manifieste en las elecciones internas. (TDG).

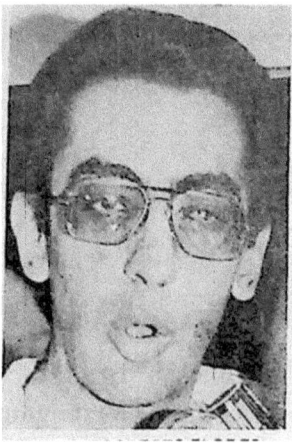

CARLOS ROBERTO FLORES

RAMON VILLEDA B.

ENRIQUE ORTEZ COLINDRES

Tiempo/9 de mayo de 1987

AZCONA Y REGALADO ESTARÁN EN EL CENTENARIO DE SAN PEDRO DE COPÁN

El 30 de mayo San Pedro de Copán vestirá sus mejores galas con motivo de celebrar el centenario de haber sido elevado al rango de municipio, esperándose contar con la presencia del jefe del Ejecutivo, José Azcona, del jefe de las Fuerzas Armadas, general Humberto Regalado Hernández y de varios secretarios de Estado.

Entre los titulares de los ministerios que han sido invitados al magno acontecimiento figuran el de SECOPT, Juan Fernando López; de Gobernación, Raúl Elvir Colindres, el de Cultura y Turismo, Arturo Rendón Pineda, hijo predilecto del departamento de Copán.

En tan memorable fecha la corporación municipal de San Pedro de Copán y el pueblo en general celebrarán jubilosamente el magno suceso histórico con un programa especial, en el que todos los hijos de tan noble pueblo harán derroche de hospitalidad y simpatía.

La Tribuna/11 de mayo de 1987

"EL PACTO Y LA MODA"

Como aquí en Honduras nos metemos y salimos de las modas como quien cambia de calcetines, una vez agotado el entusiasmo de la "Honduras verde para el año 10000" entramos a la del pacto social.

Este pacto social fue anunciado por el presidente Azcona en su mensaje inaugural. Casi al mismo tiempo en que se lanzaba al aire la candidatura presidencial del presidente del Congreso Nacional.

En el mensaje de Azcona no se dice en qué consiste el tal pacto social, ni cómo se va a llevar a cabo. Días después lo que pudimos presenciar todos los hondureños fue la suscripción de un pacto político, el PUN, en que dos corrientes, una liberal y otra nacionalista se distribuyeron las chambas gubernamentales "mita y mita". Pensamos que eso no podía ser el tal pacto social, aun cuando los socios que lo firmaron juraron por la señal de la cruz, que el acuerdo era patriótico.

A los días, una vez finiquitada la repartición, uno de los socios se estaba lavando las manos, asegurando que ellos no compartían responsabilidades en el gobierno aun cuando les había tocado la mitad del queque.

A medida que las presiones sociales se iban carburando y que se comenzaba a manifestar insatisfacciones gremiales por una o por otra razón, allá de casa presidencial volvieron a tirar sobre el tapete de discusión el pacto social. No sabemos cuántas reuniones han tenido los patrocinadores de la idea del pacto social con sectores representativos nacionales, pero sí hemos visto aquí y allá que alguna bullita se le ha hecho a esa concertación de un gran acuerdo nacional.

Aun cuando estamos ya a medio período de este régimen constitucional, todavía queda algo de tiempo para el experimento.

Nada más que esperamos que el pacto social no vaya a ser utilizado como un instrumento más de la demagogia oficial con el propósito de desviar la atención de los verdaderos problemas nacionales y darle un hueso a los sectores políticos y sociales para que puedan entretenerse.

Decimos esto por lo siguiente. Si con lo que van a salir es con otro pacto como el PUN, creyendo que la unidad nacional está en que dos corrientes políticas se repartan los negocios del Estado, aislando a las demás fuerzas políticas, sociales, profesionales y económicas, del país, lo que van a crear nuevamente es otra frustración nacional.

Si por aquí invitan gente a platicar a casa de gobierno para comprometerlos en el pacto social, y por allá los más cercanos colaboradores de Azcona van a proseguir en esa actitud divisionista de la familia hondureña, preocupados más por amarrar posiciones políticas desde ahora que en administrar el país, dudamos mucho en el éxito del pacto social.

Si por un lado se va a estar discutiendo la formulación de objetivos comunes, de un proyecto nacional para ordenar la política económica, social y exterior de la nación, y por el otro lado van a seguir los más encopetados representantes del gobierno disparándose contradicciones todos los días, cada cual, alimentando su interés político personal, difícil que camine el pacto social.

Si se dice que lo que se busca es la concordia y con las actitudes diarias, el ejecutivo y el Congreso Nacional lo que promueven son la discordia, lejos estamos todavía del pacto social. Si paralelo al respaldo que buscan de todos los hondureños, los aspirantes presidenciales pegados a la teta oficial prosiguen en su conducta canibalezca de comerse a sus propios correligionarios, y continúan con la persecución sectaria en las oficinas públicas, olvídense que va a funcionar el pacto social.

Si los políticos que tienen acceso a los fondos del Estado continúan destinando estos recursos para alimentar sus campañas personales, y el gobierno no proyecta sus obras como gobierno sino como favores personales de distintos aspirantes en procura de votos y de respaldo, díganle adiós al Pacto Social.

En otras palabras, si los hechos no son congruentes con las palabras que se vierten, el pacto social quedará circunscrito a una opinión editorial, y a la vacía perorata de los políticos que hablan para no quedarse atrás, en la competencia por la notoriedad pública cotidiana.

Y quizás la primera conclusión del pacto social sea que el Presidente le diga "good bye" a muchos de esos ministros macetas que se ha buscado.

La Tribuna/11 de mayo de 1987

No aportará nada a paz en el área, dice
PRESIDENTE AZCONA DECLINA ASISTIR A CUMBRE DE PRESIDENTES EN NUEVA ORLEANS

***Venderle a URSS no significa que estableceremos relaciones diplomáticas, apunta.
***Expresa esperanza que gobierno de EUA reforme Ley de Inmigración.

El gobernante hondureño, José Azcona Hoyo, confirmó oficialmente el pasado sábado que no asistirá a la cita de mandatarios del área que se llevará a cabo en Nueva Orleans en fecha próxima, porque "no es conveniente" a los esfuerzos por impulsar un proceso pacificador en la región.

El anunciado encuentro de los gobernantes centroamericanos en la sureña ciudad de Nueva Orleans, Estados Unidos, del 16 al 20 de junio, se pospuso a solicitud del presidente de Guatemala, Vinicio Cerezo, tras señalar que la referida cumbre podría incidir en la cita de Esquipulas en ese mismo país.

Azcona Hoyo informó que en fecha reciente envió una nota a los organizadores del evento de Nueva Orleans, donde les explica las razones que lo impulsan a desistir de la cita, pues ello "de ninguna manera" contribuirá a generar una salida negociada a la crisis regional que lleva seis años.

Por otra parte, el titular del Ejecutivo sostuvo, que la implementación de relaciones comerciales con la Unión Soviética no dará lugar al surgimiento de vínculos diplomáticos entre ambas naciones, que buscan un acercamiento por primera vez en la historia.

"Una cosa son las relaciones comerciales y otra las relaciones diplomáticas", enfatizó Azcona Hoyo, para luego sostener que el objetivo de su administración se contrae a realizar esfuerzos orientados a desarrollar el país a través de la productividad que incrementa las exportaciones.

LAMENTA SITUACIÓN DE DEPORTADOS

Por otro lado, el mandatario hondureño expresó que es "lamentable" la crisis que atraviesa una gran cantidad de compatriotas que residen ilegalmente en los Estados Unidos y que por disposiciones de la nueva Ley de Inmigración de aquella nación comienzan a ser deportados hacia sus lugares de origen.

Sin embargo, Azcona Hoyo externó su esperanza de que la administración Reagan implante "algunas reformas a esa ley" cuando se percaten del "enorme daño" que le harán a América Latina.

Agregó que ha girado "instrucciones" a sus colaboradores a efecto que presten toda la ayuda necesaria a los hondureños que sean excluidos de la amnistía aprobada por el Congreso norteamericano dirigida hacia aquellas personas que ingresaron a ese país antes del primero de enero de 1982.

Finalmente, y con relación a la crisis interna que atraviesa el partido que lo llevó al poder, Azcona Hoyo aseguró que su institución política alcanzará la unificación cuando se verifiquen las elecciones internas, siempre y cuando éstas sean "limpias y honestas".

El Heraldo/11 de mayo de 1987

PRESIDENTE AZCONA: NO CAMBIARÉ GABINETE

***Ministros son personas trabajadoras e inteligentes, asegura.*

El presidente José Azcona Hoyo confirmó el pasado sábado que su gabinete de gobierno continuará en funciones, tras argumentar que sus integrantes son personas trabajadoras e inteligentes, y aseguró que quienes pretenden una restructuración en ese sentido son aquellos que aspiraban a ser ministros.

Dirigentes del sector obrero-campesino y ciertos políticos de la oposición cuestionan desde inicios del año a los colaboradores del gobernante luego de afirmar que los mismos obstaculizan el desarrollo nacional, en perjuicio de los intereses del pueblo.

El número uno del Poder Ejecutivo lamentó el ataque que han recibido sus colaboradores en los últimos días y agregó que ellos son "gente honesta y trabajadora" porque dedican todo su tiempo a ejecutar acciones orientadas a sacar adelante el país.

De acuerdo a las declaraciones del mandatario hondureño, en el país se está acostumbrando a admirar a aquellos funcionarios públicos que cuentan con amplios currículums, pues han recorrido "todas las universidades del mundo" por lo que se creen los únicos que pueden ostentar altos cargos en la esfera gubernamental.

"Yo no comparto ese criterio, expresó Azcona Hoyo, porque los diplomas no desarrollarán el país, sino que la entrega a las funciones encomendadas y la inteligencia e imaginación" en beneficio de los proyectos nacionales encaminados a satisfacer las necesidades de la colectividad.

Azcona Hoyo citó como caso concreto al ministro de Economía Reginaldo Panting, quien no es profesional en esa materia sino veterinario y se ha convertido en uno de los "Mejores ministros de Economía" que ha tenido Honduras, porque es "inteligente, serio y trabajador".

Precisó el gobernante que la situación que se presenta actualmente es provocada por la actividad de algunas personas que pretendían ser ministros y al ver frustradas sus aspiraciones comenzaron a especular en torno a un eventual cambio de colaboradores. "El gabinete está marchando", concluyó Azcona Hoyo.

Panting, para Azcona uno de los mejores ministros de Economía que ha tenido Honduras.

El Heraldo/11 de mayo de 1987

MANDATARIO INAUGURA PROYECTO DE ELECTRIFICACIÓN EN EL ROSARIO

COMAYAGÜELA. - El presidente José Azcona Hoyo inauguró el pasado sábado un sistema de electrificación en el municipio de El Rosario, Comayagua, a un costo de 200 mil lempiras financiados con fondos de la Empresa Nacional de Energía Eléctrica (ENEE).

Los actos contaron con la presencia del gerente de la ENEE, Jack Arévalo, el ministro de Comunicaciones, Obras Públicas y Transporte (SECOPT), Juan Fernando López; el director de la Agencia para el Desarrollo Internacional, John Sanbrailo, y autoridades civiles y militares de la localidad.

En la instalación de este sistema eléctrico los técnicos de la ENEE adoptaron una modalidad diferente a la utilizada en proyectos anteriores, la cual consiste en la colocación de cables con retorno a tierra, lo que reduce los costos del proyecto en un 40 por ciento.

Las comunidades aledañas a El Rosario que se beneficiarán con el sistema son: Santa Rita de los Empates, El Tamboral, Tierra Colorada, Carbonera, El Motatal, Ilamapa y Agua Salada.

Azcona Hoyo dijo en su discurso que su gobierno electrificará a Honduras mediante el esfuerzo de la ENEE y anunció que abrirán caminos vecinales en todo el país a través del apoyo de organismos crediticios internacionales como la AID y el Banco Interamericano de Desarrollo (BID).

El mandatario hondureño exhortó a los moradores de El Rosario para que luchen sin cesar hasta que el "cuerpo soporte", pues ello constituirá la única manera de lograr el desarrollo del país.

Sostuvo que es lamentable la crisis que actualmente atraviesa Honduras por cuanto impide la ejecución de proyectos que satisfagan las necesidades prioritarias del pueblo.

El titular del Ejecutivo demandó un esfuerzo común entre todos los hondureños, pues las necesidades del país son "tan grandes" que hacen insoslayable la continuidad de gobiernos democráticos que permitan el desarrollo nacional.

El gobernante hondureño José Azcona Hoyo saluda a la multitud congregada en El Rosario, Comayagua, donde inauguró un sistema eléctrico patrocinado por la ENEE. Lo acompañan miembros de su gabinete. (*Foto Efraín Salgado*).

El Heraldo/11 de mayo de 1987

LLEGA ELECTRIFICACIÓN A POBLACIONES DE COMAYAGUA

"Vamos a electrificar a Honduras", expresó el presidente Azcona durante los actos de inauguración del sistema eléctrico en la comunidad de El Rosario, Comayagua, del cual se beneficiarán otras poblaciones del sector. En la gráfica, el mandatario se dirige a los pobladores prometiendo que su administración empleará todos los recursos en el desarrollo del país. (*Foto Salinas*).

La Prensa/11 de mayo de 1987

Por un valor de 250 mil lempiras
INAUGURAN SISTEMA ELÉCTRICO EN COMAYAGUA

EL ROSARIO, Comayagua. - El presidente Azcona inauguró el sábado un sistema eléctrico en esta ciudad valorado en doscientos cincuenta mil lempiras.

Los recursos para la construcción de este sistema fueron proporcionados por la Empresa Nacional de Energía Eléctrica y mediante el mismo se reducirán en un cuarenta por ciento los costos de electrificación permitiendo llegar estos servicios a las zonas más pobres del país.

En la construcción de este sistema la ENEE puso en práctica una tecnología diferente a la utilizada regularmente y que consiste en la instalación del cable con retorno a tierra y los postes más separados.

Las comunidades beneficiadas son: Santa Rita de los Empates, Tierra Colorada, El Tamboral, Carbonera, El Motatal I y II, Ilamapa, Agua Salada y El Rosario.

A los actos inaugurales asistieron además del presidente Azcona otros miembros del gabinete de gobierno, representantes diplomáticos, agentes de los organismos crediticios internacionales y las autoridades civiles y militares de la localidad.

"Vamos a electrificar a Honduras con el esfuerzo de la ENEE, así como también abriremos más caminos vecinales con el apoyo de los organismos crediticios internacionales", afirmó el presidente Azcona al inaugurar el sistema eléctrico.

El presidente de la república, José Azcona Hoyo, presidió los actos en donde a la vez anunció que van a electrificar a Honduras.

El mandatario saluda a varias personas que a la vez le manifiestan su cariño.

Durante su intervención el mandatario reconoció que las obras emprendidas por su administración son apoyadas fuertemente por la Agencia para el Desarrollo Internacional (AID), el Banco Interamericano de Desarrollo, otros entes crediticios y gobiernos amigos.

Señaló que las necesidades de Honduras son tan grandes que es necesario que muchos gobiernos democráticos que están por venir sigan trabajando por el bien del país.

"Es importante que este pueblo sienta que hay que trabajar por Honduras y que no basta hacerlo como tradicionalmente estamos acostumbrados sino con más fuerza para el progreso del país", subrayó Azcona.

Agregó que "lamentablemente el país no está pasando una bonancible situación económica y ello repercute negativamente para llevar adelante los proyectos de desarrollo que necesita, sin embargo, enfatizó, que su gobierno seguirá esforzándose por el progreso nacional".

La Prensa/11 de mayo de 1987

<u>EDITORIAL</u>

EL CASO DE HONDURAS Y DE LA NOVIA BURLADA

El secretario de Estado Adjunto de los Estados Unidos para Asuntos Latinoamericanos, señor Elliot Abrams, ha afirmado en el Subcomité de Operaciones del Comité de Apropiaciones de la Cámara de Representantes norteamericana que la administración Reagan no contempla ningún plan de contingencia para Honduras, en el caso de que el Congreso de su país no apruebe la ayuda militar y humanitaria para los "contras".

En un boletín de noticias -Núm. 17/87, mayo 8- distribuido por la Embajada de los Estados Unidos en Tegucigalpa se reproduce un despacho desde Washington, del redactor de USIS Warner Rose, que se refiere a esta comparecencia del señor Abrams ante el Subcomité de Operaciones de la Cámara de Representantes, pero en ningún momento se menciona el hecho antes apuntado, que es de trascendental importancia para Honduras.

Lo que esto significa para nuestro país es que ni el gobierno de Honduras ni el de los Estados Unidos, por diferentes razones, se han preocupado de lo que acontecerá a la nación hondureña una vez que los "contras" sean definitivamente derrotados, o los mismos Estados Unidos les quiten el apoyo tras un continuado fracaso de cinco años, en que la corrupción ha corrido parejas con la incapacidad y el cinismo.

En suma, se confirma lo que venimos apuntando desde hace mucho tiempo en relación con la política exterior de Honduras y el fatal involucramiento para apoyar a los "contras", cuyos perjuicios son enormes y palpables, y, a la vista está, seguirán siendo mayores.

Así lo han informado ahora, también, los diputados hondureños Manuel Zelaya Rosales (liberal) y Nicolás Cruz Torres (nacionalista), en una carta dirigida al presidente de la República, ingeniero José Simón Azcona del Hoyo, después que regresaron de Washington en donde gestionaron el apoyo del congreso de los Estados Unidos, en materia económica, para nuestro país.

"Ante nuestras inquietudes -dicen los diputados al presidente de la República, que, dicho sea de paso, no los ha querido recibir en su despacho para cambiar impresiones sobre ese viaje-, tanto senadores y congresistas demócratas y republicanos mostraron una actitud de indiferencia hacia las actividades de la contrarrevolución, manifestando que los Estados Unidos no es responsable del destino de estos grupos y que, en todo caso, será Honduras como país soberano quien tendrá que tomar las iniciativas respecto al futuro de estas fuerzas irregulares y de las consecuencias que para el país ha tenido su presencia".

Concluyen, entre otros puntos, en lo siguiente los diputados Zelaya Rosales y Cruz Torres: "Estados Unidos pretende eludir su responsabilidad inherente al papel desempeñado en el conflicto centroamericano, por lo que inevitablemente tendremos que sufrir las consecuencias". "Honduras debe replantear su política con Estados Unidos, en base a los intereses esenciales del país".

El gobierno que preside el ingeniero José Simón Azcona del Hoyo seguramente está al tanto de esta situación. Honduras, dizque el mejor aliado de los Estados Unidos, está solo y con las vergüenzas al aire. Para la administración Reagan no importa lo que le suceda a este país, tras haberlo metido en el pantano de la "contra". El congreso norteamericano, posiblemente esperaba de la administración Reagan un plan de contingencia en relación con los "contras". Pero el señor Abrams ha dicho que no lo hay, y que tal cosa no será presentada porque servirá de excusa al congreso para preferir la contingencia en vez del apoyo militar a los mercenarios.

Por otra parte, muy poco puede esperar Honduras de los famosos 300 millones de dólares que desde el año pasado viene ofreciendo la administración Reagan a Centroamérica para apuntalar la voluntad política de estos gobiernos en favor de los "contras". Según las cuentas que hizo el iluso que vendía aceitunas sin haber plantado los olivares, a nuestro país, por ese concepto, le tocarían 65 millones de dólares. Otra vez, lo del burro y la zanahoria.

¿Y los aviones F-5E? Muy bien, gracias. Hoy se presentará en el senado la propuesta de la administración, que se tardó más de un año en mandarla. Ahora es perfectamente previsible lo que sucederá, pues en la actualidad el senado tiene mayoría demócrata.

Veamos lo que nos dicen Zelaya Rosales y Cruz Torres: "En relación con la adquisición de aviones F-5E, manifestaron los representantes norteamericanos que no apoyarán esa iniciativa considerando que, como propiciadores de la paz en la región, una ayuda en tal sentido sólo serviría de pretexto para que Nicaragua incremente su carrera armamentista y se profundicen aún más las tensiones entre los dos países".

Por otra parte, la Fuerza Democrática Nicaragüense (FDN) se propone "institucionalizar" el ejército "contra", según un despacho de NOTIMEX, fechado el 7 de este mes en Panamá. Piensan convertir esta fuerza mercenaria en "un ejército profesional".

El vocero de FDN para NOTIMEX añadió que "se gestionará el reconocimiento de dicho ejército y su 'beligerancia' con el apoyo de los Estados Unidos.

[Editorial]
AZCONA Y LA UNIDAD

En días pasados, y valiéndose de un dispositivo aparentemente informal, el ciudadano presidente de la República protagonizó una reunión con la mayoría de los aspirantes a sucederle en el cargo, y que militan en las filas del partido gobernante.

Utilizando como coyuntura un coctel de despedida al Agente Diplomático de nuestro país ante la Corte Internacional de Justicia, don Carlos Roberto Reina, quien viaja a Holanda para representarnos en la búsqueda de una solución al conflicto con El Salvador, el jefe de Estado conversó con los dirigentes Carlos Flores, Ramón Villeda, Enrique Ortez, William Hall y otros. Estuvieron ausentes los precandidatos Carlos Montoya y Jorge Maradiaga, pero se explicó que la causa de su no participación era el hecho de que se encontraban fuera de Tegucigalpa.

En esencia, la reunión derivó en una reflexión colectiva sobre la posibilidad de promover la unificación del Partido Liberal, que como todo el mundo sabe, se encuentra actualmente poco menos que atomizado.

Para ello, se dijo, el presidente de la República comprometió su palabra de utilizar toda su autoridad moral y política, en procura de la reconciliación de las facciones, a través de un firme respeto a los resultados de las elecciones internas y, sobre todo, absteniéndose de apoyar a ninguno de los contendientes en pugna por el control del PL.

Desde que la actual administración comenzó, hubo críticas persistentes ante el hecho -pocas veces visto- de que la facción triunfante del Partido Liberal había llegado a un pacto con el Partido Nacional, naciendo así lo que el pueblo denominó PUN, y por el contrario, no se había propiciado un entendimiento entre todos los liberales.

El sectarismo intrapartidario no se hizo esperar. El hostigamiento contra los correligionarios que pertenecían a la facción que había perdido el poder alcanza alturas insospechadas, y hoy por hoy, hay heridas profundas dentro de las filas del liberalismo que urge tratar de curar si es que este instituto político ha de ubicarse en posición de alcanzar una nueva victoria electoral.

Para fecha muy próxima -posiblemente el mes de junio- habrá elecciones internas en el Partido Liberal, cuyo propósito es reconstruir la institucionalidad partidaria. En efecto, el Consejo Central Ejecutivo está de facto, se ha parcializado en favor de una de las corrientes internas y virtualmente ha perdido toda su credibilidad.

Los Concejos Locales y Departamentales de hecho no existen. No hay autoridades liberales y nadie respeta a aquellos que pretenden encarnar la voluntad de los militantes, puesto que cada líder tiene, en realidad, un pedazo del Partido dentro de su área de influencia.

La reunificación del PL es importante para Honduras porque se trata de uno de los dos grandes institutos políticos que engloban la voluntad política ciudadana, y además porque es la fuerza que, aunque con limitaciones, ocupa el poder.

La división, el odio, los antagonismos, el fraccionamiento y la atomización son destructivos, tanto para los partidos como para las naciones. La sentencia bíblica no puede ser más rotunda en su sabiduría: "Una casa dividida contra sí misma no puede sobrevivir".

Por tanto, es correcta la posición del presidente Azcona en el sentido de buscar la reconciliación de sus compañeros, a la vez que proclama su neutralidad frente a las aspiraciones e invita a todos los precandidatos a dar su apoyo masivo a aquel que gane las elecciones internas.

En las organizaciones democráticas las decisiones se toman por mayoría, pero se ejecutan por unanimidad. Una vez que un curso de acción ha sido adoptado por la voluntad de los más, es deber de todos respaldarlo con dedicación y sinceridad, si es que se pretende el éxito en los empeños de la institución de que se trate.

Estamos convencidos de que la reunificación del PL es positiva para la futura reconciliación de todos los hondureños. Y no cabe duda que el presidente de la nación es el líder indicado para impulsarla, con su autoridad, prestigio y reconocida ecuanimidad.

Independientemente de quien gane los comicios de 1989, el país necesita armonía, solidaridad y cohesión nacional para alcanzar sus metas de reactivación y desarrollo.

¿Serán tan suicidas los liberales en no entender que si no alientan la unidad estarán cavando la fosa en que han de ser sepultadas sus aspiraciones políticas de cara al porvenir?

La Prensa/12 de mayo de 1987

NADA CONCRETO LES RESUELVE AZCONA A LOS TRABAJADORES QUE QUIEREN VIAJAR A EE.UU.

Ninguna respuesta concreta dio ayer el presidente José Azcona Hoyo a los dirigentes de la Asociación de Desempleados de Honduras que han inscrito a cinco mil 600 trabajadores en paro con el propósito de llevarlos a trabajar en Estados Unidos.

Según informó el presidente de la Asociación, Santiago Alvarado Calona, será hasta la próxima semana que el mandatario resolverá sobre su petición para que sean el Ministerio del Trabajo y los desempleados los que coordinen el proyecto.

Alvarado dijo que el presidente está estudiando la situación, específicamente una propuesta planteada por el contratista Carlos López Urquía para que se deposite una garantía de mil dólares por cada trabajador que viaje a Estados Unidos.

Los desempleados no están de acuerdo con la propuesta de López Urquía debido a que no disponen de la suma exigida y por ello han planteado que el proyecto sea manejado por las autoridades y los propios trabajadores.

Alvarado aseguró que el gobierno norteamericano aprobó 800 mil visas del tipo H2A para que igual número de trabajadores agrícolas del extranjero puedan ser empleados temporalmente en los Estados Unidos y que la versión ha sido debidamente confirmada en la embajada de ese país en Honduras.

"En Estados Unidos existen compañías de servicio que se encargan del reclutamiento de personal para fábricas y empresas agroindustriales y por ello demandamos que el gobierno trate directamente con esas compañías y elimine los intermediarios", concluyó Alvarado.

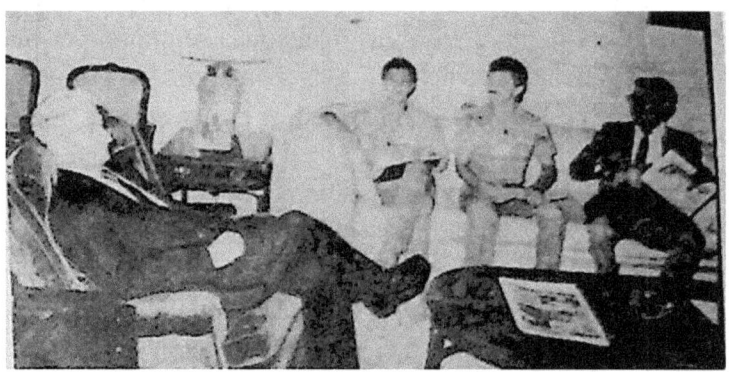

Los directivos de los trabajadores en paro no lograron ninguna respuesta concreta en su entrevista con el presidente Azcona, quien les dijo que hasta la próxima semana se pronunciará al respecto. (*Foto Efraín Salgado*).

El Heraldo/12 de mayo de 1987

24

PRESIDENTE AZCONA NO NECESITA PERMISO DEL LEGISLATIVO PARA VISITAR ISRAEL

El presidente José Azcona Hoyo no pedirá permiso al Congreso Nacional para viajar a Europa e Israel el próximo 24 de mayo porque solamente estará fuera del país por el término de 14 días, dijo ayer el vocero presidencial, Marco Tulio Romero.

Agregó el informante que el permiso del Poder Legislativo se requiere cuando el presidente de la República se ausenta del territorio nacional por más de 15 días y que ese no es el caso de Azcona.

Romero confirmó que el gobernante viajará a Israel, con una escala técnica en Ámsterdam, Holanda, acompañado del designado presidencial, Jaime Rosenthal Oliva, del canciller Carlos López Contreras y del Comandante en Jefe de la Fuerzas Armadas, general Humberto Regalado Hernández.

El informante dijo que la visita de Azcona a Israel es "de cortesía", pero que la ocasión podría ser aprovechada para ampliar las relaciones con ese estado, principalmente en la cooperación agrícola que recibe el país desde hace algunos años.

Al parecer, Azcona corresponde a la visita que el primer ministro israelí, Isaac Shamir, hiciera a Honduras el año anterior.

Algunos sectores nacionales han objetado la visita de Azcona a Israel, especialmente porque no se informa debidamente al pueblo sobre los propósitos del viaje, el cual se lleva a cabo casi a hurtadillas puesto que se sabe que no han sido invitados representantes de la prensa nacional ni los propios voceros gubernamentales.

El Heraldo/12 de mayo de 1987

CONSOLIDACIÓN DEL PARTIDO LIBERAL BUSCARÁ AZCONA EN PRÓXIMA REUNIÓN DE PRECANDIDATOS

TEGUCIGALPA. -(Por José Danilo Izaguirre). - El presidente de la república José Azcona Hoyo, se reunirá en las próximas horas, con todos los precandidatos presidenciales, para buscar la consolidación del Partido Liberal.

Lo anterior fue confirmado ayer por el doctor Rubén Villeda Bermúdez, ministro de Salud Pública, ante la necesidad del pueblo hondureño de entrar en una etapa de unificación.

Afirmó Villeda Bermúdez, que la reunión se hará con todos los presidenciales, a fin de que se comprometan a luchar por un solo objetivo: la unidad del partido en el poder, como única alternativa de triunfo.

Dijo el funcionario que se llegará al acuerdo de respaldar a un solo candidato por parte de los liberales, pero que sea producto de la voluntad popular y no de los intereses de algunos pocos.

Villeda Bermúdez, consideró que el presidente Azcona, puede lograr la unidad del partido, ya que además de su condición de mandatario, se deviene obligado a solidificar a su partido.

Confía que, con Azcona, no ocurrirá lo que pasó con el doctor Roberto Suazo Córdova, pues son condiciones y carácteres diferentes y que por ello se ha recurrido al gobernante, para que unifique el partido.

Dijo que Azcona, fue claro en la reunión preliminar de la unidad del partido, cuando sostuvo que no apoyará a ninguno de los precandidatos liberales, a pesar de que sean sus amigos personales o no.

En ese sentido manifestó Villeda Bermúdez, la reunión que tendrá como marco la comunidad de Valle de Ángeles servirá para definir de una vez por todas la unidad del Partido Liberal.

Declaró que el mandatario está interesado en que su partido sea una persona que sea dentro de los principios democráticos y que ninguno de los precandidatos presidenciales sufra lo que particularmente vivió en la administración Suazo Córdova.

Por ello es que Azcona quiere la unidad dijo el funcionario que fue protagonista principal en el primer paso de unidad y en ese sentido estamos conscientes que el mandatario se unirá al partido por ende a la familia hondureña, concluyó.

La Prensa/12 de mayo de 1987

NO CERRARÁN BANASUPROS

El presidente José Azcona comunicó ayer oficialmente al gerente de la Suplidora Nacional de Productos Básicos (BANASUPRO). Ernesto Adolfo Fiallos, que esa institución no será cerrada, pero que se tomarán medidas para reducir su déficit presupuestario.

Fiallos dijo que se reunirá con el gobernante para explicarle la situación real de la institución y la preocupación de sus trabajadores y proveedores ante los insistentes rumores de que será cerrada o traspasada al sector privado.

"BANASUPRO no puede ser rentable porque es una institución de servicio que actúa como reguladora de los precios de los productos de consumo popular y el día que sea rentable significa que tendría que subir los precios de los productos que vende", comentó.

El funcionario aseguró que la institución está cumpliendo con sus objetivos de creación que son las de regular los precios de la canasta básica y llegar a las clases más necesitadas de la sociedad.

El presidente José Azcona analiza la situación de los BANASUPRO con el gerente de la institución, Adolfo Fiallos y el ministro de Economía, Reginaldo Panting. (*Foto Daniel Trejo*).

Indicó que anualmente BANASUPRO vende más de 31 millones de lempiras y aceptó que las operaciones reportan un déficit considerable, "pero se van a tomar medidas para reducir ese déficit".

Entre las medidas que se tomarán se contempla una reducción de los salarios que ganan los ejecutivos de esa institución, según informó el gobernante a dirigentes de la Federación Hondureña de Sindicatos de Trabajadores de la Alimentación (FEHSTRAL), en reciente reunión.

La Tribuna/12 de mayo de 1987

Promete Azcona
BANASUPRO NO CERRARÁ SUS PUERTAS A PESAR DE SU DÉFICIT PRESUPUESTARIO

Las tiendas populares BANASUPRO continuarán prestando sus servicios a pesar de la oposición de algunos empresarios y políticos que demandan su cierre, prometió ayer el presidente José Azcona Hoyo al gerente de la institución, Ernesto Adolfo Fiallos.

El funcionario dijo que el presidente está consciente de la situación que padece BANASUPRO especialmente en lo que se refiere a su déficit crónico, pero indicó que se trata de una institución de servicio que llega a las clases más necesitadas del país.

Fiallos visitó al presidente Azcona para plantearle la situación interna de BANASUPRO y demandar la intervención del gobierno a fin de que pueda continuar prestando sus servicios a la gente pobre y sirviendo de entidad reguladora de precios.

Recientemente, algunos empresarios y políticos, que forman parte de la Comisión de Economía del Congreso Nacional, demandaron el cierre de la institución porque dijeron que no es rentable y compite deslealmente con la empresa privada.

Al respecto, Fiallos sostuvo que las críticas son infundadas porque BANASUPRO afronta pérdidas a causa de que es una institución de servicios que si no existiera ya se habrían elevado sustancialmente los precios.

"Si BANASUPRO vendiera a los mismos precios de los demás comerciantes no estaría cumpliendo con el objetivo para el que fue fundado como es llegar a las clases más necesitadas con productos de buena calidad y precios bajos", añadió Fiallos.

El Heraldo/12 de mayo de 1987

AZCONA PIDE A CONGRESO SE PRONUNCIE SOBRE VOA

TEGUCIGALPA. El presidente José Azcona Hoyo solicitó al Congreso Nacional que se pronuncie acerca de la solicitud de la administración Reagan, de permitir la instalación en Honduras de una repetidora de la estatal Voz de Estados Unidos de América (VOA).

Una comisión técnica nombrada por el anterior gobierno de Roberto Suazo Córdova recomendó no autorizar el permiso, porque determinó que la Ley de Emisión del Pensamiento prohíbe que los medios de difusión en el país estén en manos de extranjeros.

Sin embargo, en la Mosquitia, Puerto Lempira, funciona una estación, "Sani Radio", que funciona bajo la dirección, no oficial, del norteamericano Thomas Keogh.

El pasado 3 de abril, el presidente Azcona envió una carta al presidente del Congreso, recordándole que "desde la administración anterior se comenzó a negociar" un convenio con Estados Unidos para la retransmisión de los programas de la VOA.

Explica que las negociaciones han sido coordinadas por un representante de la Casa de Gobierno, y en ellas han participado como asesores técnicos varios representantes de la Secretaría de Comunicaciones, Obras Públicas y Transporte (SECOPT), la cancillería y la Empresa Hondureña de Telecomunicaciones (HONDUTEL).

"Es mi deseo que el Congreso Nacional se pronuncie sobre los términos del convenio y para ese fin estoy remitiéndole el anteproyecto del mismo. Si esa augusta representación desea disponer de más antecedentes, antes de introducir a la consideración del Congreso este proyecto de convenio, hágamelo saber y con todo gusto lo pondremos en contacto con una persona que le facilite la información complementaria", señala la carta dirigida por Azcona a Carlos Montoya.

EL CONVENIO

El proyecto de convenio define las obligaciones y deberes de cada una de las naciones.

Comienza diciendo que Estados Unidos será el responsable por el contenido de las transmisiones y Honduras deberá dotar a la radio de un terreno de 112 hectáreas.

El repetidor que se encargará de retransmitir las programaciones regulares de la Voz de Estados Unidos estará bajo jurisdicción del gobierno hondureño, que, a su vez, concederá status diplomático al personal técnico y administrativo, adscrito al servicio de información de la misión diplomática de Washington en Tegucigalpa.

También todas las pertenencias de la repetidora tendrán el mismo carácter que el personal, y el estado hondureño deberá conceder exoneración a la importación de los instrumentos técnicos de la radio.

Las frecuencias en el espectro-eléctrico que usará la VOA para sus retransmisiones serán asignadas por la Radio Nacional de Honduras, de acuerdo con la ley de la Empresa Hondureña de Telecomunicaciones (HONDUTEL).

El convenio que probablemente será discutido en la Cámara Legislativa el próximo mes tendrá una duración de 25 años, de aprobarse tal como está concebido por los gobiernos de otros países. (NL).

Tiempo/12 de mayo de 1987

AZCONA PROMETE A ENFERMERAS ESTUDIAR PETICIÓN SALARIAL

El presidente José Azcona prometió ayer a las enfermeras que laboran en los centros asistenciales del Estado estudiar una petición de aumento salarial, presentada a mediados del año anterior.

Hablando durante los actos de celebración del Día de la Enfermera en el Hospital Escuela, el mandatario dijo que la petición de mejoras salariales hecha por la Asociación de Enfermeras Auxiliares de Honduras es justa.

"En el plan de gobierno que esbocé en mi campaña política, recordó, puse prioritariamente a la salud del pueblo hondureño, después de la educación, luego la vivienda y el desarrollo urbano, la reforma agraria y el empleo".

Agregó que comparte la frase de que sin salud no puede haber desarrollo, al tiempo que rechazó las acusaciones de que su gobierno se ha desatendido de las necesidades de salud del pueblo.

"Cuando se aprobó el presupuesto de Salud de este año se dijo que había disminuido, pero eso no fue cierto, antes bien, se aumentó en un 12 por ciento", señaló.

El presidente José Azcona habló ayer en el Auditorio del Hospital Escuela durante la celebración del Día de las Enfermeras. El mandatario prometió estudiar una petición de aumento salarial presentado por la Asociación de Enfermeras Auxiliares de Honduras. (*Foto Aquiles Andino*).

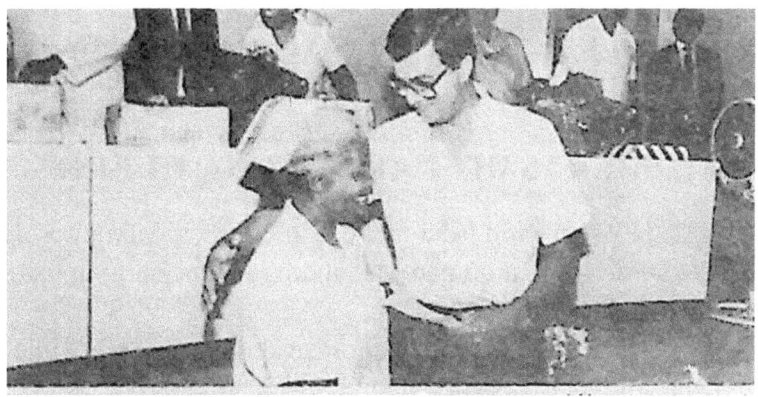

En los actos de celebración del Día de las Enfermeras también estuvo presente el presidente del Comité Central del Partido Nacional, Rafael Leonardo Callejas, invitado por las enfermeras. (*Foto Aquiles Andino*).

El gobernante afirmó que su gobierno está interesado en la salud del pueblo, pero apuntó que las necesidades del país son enormes "y así como ustedes las enfermeras están planteando con toda justicia y con toda claridad las necesidades del sector salud, tambíen me han planteado las necesidades de educación, donde se requiere la creación de 1,000 nuevas plazas".

"Lo que vamos a prometer este día a las enfermeras es estudiar su petición de aumento salarial y hacer todo lo posible para satisfacerlas en la medida de las posibilidades, no porque no tengan derecho a que satisfagan plenamente sus peticiones, sino porque hay que ponerse también del otro lado, donde nosotros somos administradores de lo que nos entrega el pueblo", comentó.

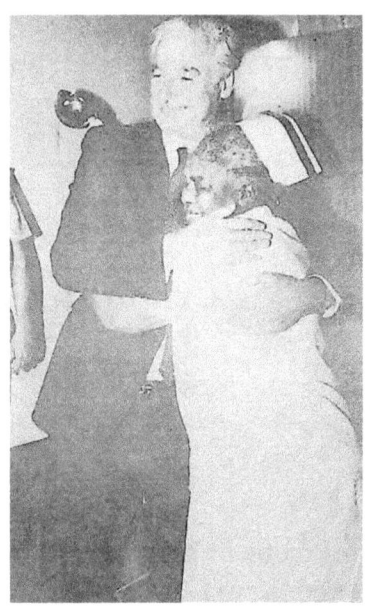

Las enfermeras con más de 20 años de laborar con el Estado fueron felicitadas por el presidente Azcona. (*Foto Aquiles Andino*).

La Tribuna/13 de mayo de 1987

Por injusta:
ENFERMERAS DESCARTAN UNA HUELGA NACIONAL

La presidenta de la Asociación Nacional de Enfermeras Auxiliares de Honduras, Elda Azucena Ávila, aseguró que no decretarán un paro de labores porque sería injusto continuar perjudicando al pueblo hondureño.

Esto no significa que nuestras peticiones sean injustas, pero una huelga no resolvería los problemas, sino que aumentaría el sufrimiento de los hondureños, agregó la dirigente sindical.

Al mismo tiempo apuntó que continuarán negociando con el Ministerio de Salud Pública y el gobierno central para lograr que se haga efectivo, en el menor tiempo posible, el aumento salarial que se viene solicitando desde el año anterior.

"Con esto buscamos mejorar nuestras condiciones de trabajo, ya que nuestra labor es callada pero agotadora, y en ella se basan todos los programas para mejorar la salud del pueblo hondureño", concluyó la entrevistada.

La Tribuna/13 de mayo de 1987

ENFERMERAS SUSPENDEN LAS MEDIDAS DE PRESIÓN

TEGUCIGALPA. - (Por Roy Arthur's). - Las anunciadas medidas de presión que haría la Asociación Nacional de Enfermeras Auxiliares quedaron momentáneamente en suspenso, al declarar el presidente Azcona que se atenderá la demanda del gremio en la medida que las disponibilidades económicas lo permitan.

El mandatario estuvo presente en un acto especial celebrado en el auditorio del Hospital Escuela para conmemorar el Día de la Enfermera, ocasión que aprovechó para solicitar un compás de espera al planteamiento entregado por la asociación en diciembre pasado.

El mismo implica especialmente incrementos salariales para cada enfermera, según la escala donde esté ubicada y además dotación de uniformes, transporte, cursos de actualización y otros beneficios.

Azcona Hoyo prometió que analizarán la situación con las autoridades de Salud Pública y Hacienda para determinar cuáles son las posibilidades de al menos, aumentar en parte los salarios en relación al planteamiento.

"No voy a rehuir responsabilidades ni enfrentar con temor las exigencias ciudadanas", subrayó Azcona al recordar que durante su campaña se comprometió a dedicar especial atención al sector salud.

Señaló que el presupuesto destinado a la materia fue incrementado en un 12 por ciento para el actual periodo fiscal, pero que existen proyectos de carácter prioritario para un pueblo que enfrenta serios problemas de salud.

"Reconozco su derecho a demandar mejoras económicas, pero la realidad es que el presidente es un simple administrador de las arcas nacionales que tiene la obligación de reducir los gastos o al menos mantener el equilibrio", añadió.

Interiorizando en relación a la misma fecha del año pasado expresó que se han invertido 19 millones para mejorar el salario de los maestros, 10 millones en el Estatuto del Médico y 7 millones para el Sindicato de Trabajadores de Hospitales Medicina y Similares.

"También se destinaron recursos para la ejecución de varios proyectos de desarrollo como electrificación y carreteras y, por lo tanto, tenemos que estudiar la situación, previo al aumento de salarios a las enfermeras", dijo.

Señaló que a pesar de ciertas recomendaciones para cerrar la brecha fiscal su administración se ha mantenido firme evitando la creación de nuevas tasas tributarias.

"Pero a cambio, nos comprometimos a reducir el presupuesto en 100 millones de lempiras y en parte lo hemos logrado no creando nuevas plazas, no ocupando plazas vacantes y reduciendo los viajes al exterior", agregó.

Aseguró que la austeridad como política de su gobierno funciona y cuando me retire del cargo lo haré sin vergüenza alguna porque estoy trabajando con honestidad y con la mayor dedicación posible.

Admitió que en la administración pública siempre habrá malandrines que se aprovechen de la situación, aunque sostuvo que no sólo son algunos funcionarios los responsables de la situación económica del país.

"También los evasores de impuestos, aquellos que hoy, mañana y pasado están buscando la forma de introducir contrabando".

Responsabilizó además a los profesionales que evaden el impuesto sobre la renta disfrazando las ganancias que obtienen en las mismas instituciones del Estado que les permitió ganar buenos sueldos.

Afirmó que todos somos responsables de la situación, y que por ello debe haber conciencia para aportar un grano de arena y sacar a Honduras del momento que atraviesa.

El presidente cerró su exposición reiterando a las enfermeras que están en su derecho de solicitar aumentos, pero las condiciones fiscales determinarán en qu[e grado ello será posible.

Luego el mandatario entregó algunos premios a un grupo de enfermeras con más de 20 años de laborar para el Estado, acción en la que también participaron autoridades del hospital, el ministro de Salud Pública y el dirigente del Partido Nacional, Rafael Leonardo Callejas.

El presidente José Azcona Hoyo, el ministro de Salud Pública, Rubén Villeda Bermúdez, autoridades del Hospital Escuela y el líder nacionalista Rafael Leonardo Callejas, durante el acto conmemorativo. (*Foto de Aulberto Salinas*).

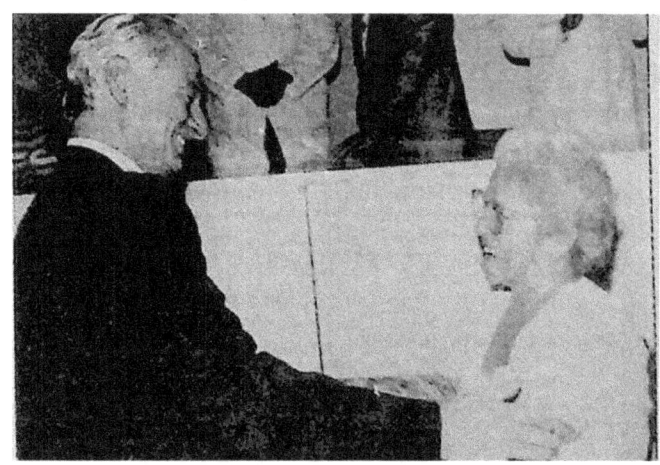

La enfermera Tomasa de Mendoza, con más de 20 años de trabajar en el Hospital Materno Infantil y Hospital Escuela recibió una atención especial así como otras compañeras suyas que en forma particular fueron homenajeadas por el Ejecutivo. (*Foto de Aulberto Salinas*).

La Prensa/13 de mayo de 1987

Anuncia ministro de Salud:

AUMENTO DE SUELDO A ENFERMERAS SE HARÁ EN FORMA EQUITATIVA

***Recibirán el beneficio las que devenguen salarios más bajos y las que trabajen en lugares riesgosos, afirma.

El ministro de Salud Pública Rubén Villeda Bermúdez confirmó ayer la aprobación de un incremento salarial para las enfermeras auxiliares del país, el cual se hará en forma equitativa, atendiendo primero a quienes devenguen los sueldos más bajos y previo a un estudio que se hará para tal efecto.

El anuncio de Villeda Bermúdez se produjo en la celebración del "Día de la Enfermera" que contó con la presencia del mandatario hondureño José Azcona Hoyo y del líder nacionalista Rafael Leonardo Callejas, así como también de las autoridades del complejo asistencial Hospital Escuela-Materno Infantil.

De acuerdo al discurso del titular de esa secretaría de Estado, las mujeres de blanco que serán beneficiadas con el incremento salarial, además de las antes citadas, lo constituirán aquellas que tienen más "antigüedad" en el desempeño de sus funciones.

Asimismo, la medida abarcará a las auxiliares de enfermería que laboren en "lugares con riesgos o incomodidades", con el propósito de otorgar a las mismas un "tratamiento especial", según lo manifestado por el titular del ramo.

Villeda Bermúdez expresó que enviará una copia de su discurso a Azcona Hoyo y a los ministros de Hacienda y Planificación, Coordinación y Presupuesto, a efecto de que el planteamiento gremial sea analizado de manera responsable por el gobierno central.

"Trataremos de que las aspiraciones de las enfermeras auxiliares encuentren una respuesta satisfactoria" mediante la ejecución de un plan progresivo que garantice su realización por "etapas", precisó el ministro de Salud Pública.

Sin embargo, Villeda Bermúdez explicó que las demás peticiones del gremio, que ayer conmemoró su día, se tornan difíciles de cumplir debido a la crisis económica que sufre el país y además porque el incremento salarial afectará de manera significativa el presupuesto nacional.

Autoridades del complejo Hospital Escuela-Materno Infantil, aparecen con el ministro de Salud, Rubén Villeda Bermúdez, el presidente Azcona y el candidato presidencial nacionalista Rafael Leonardo Callejas. (*Foto Alejandro Serrano*).

El Heraldo/13 de mayo de 1987

[Revela Azcona]

ORGANISMOS PRESIONAN PARA DEVALUAR

Los organismos financieros internacionales continúan presionando para que el gobierno devalúe la moneda, suba los impuestos y aumente las tarifas de los servicios públicos, reveló ayer el presidente José Azcona, durante los actos de celebración del Día de la Enfermera hondureña. El mandatario dijo que no es cierto que los ingresos del Estado hayan disminuido durante el presente mes y por el contrario más bien han aumentado, pero que al mismo ritmo aumentaron los gastos.

Indicó que el 30 de abril del presente año los ingresos aumentaron en 30 millones de lempiras con relación al mismo período de 1986, pero que ese incremento se ha destinado a la vez en diferentes ministerios: aumento salarial de maestros, 19 millones; trabajadores de salud, siete millones; Estatuto del Médico, 10 millones, proyectos carreteros y otros.

El presidente Azcona reveló que hace algunos días tuvo la visita de varias agencias internacionales de financiamiento de comisiones y se planteó la necesidad de que en Honduras había que cerrar la brecha fiscal.

"Cerrar la brecha fiscal quiere decir, explicó, gastar sólo lo que se recibe y para ello decían que hay que aumentar los impuestos, las tarifas y devaluar la moneda. Tres aspectos que nosotros dijimos claramente que no".

Agregó que al rechazar esas tres propuestas había que prometer hacer algo, pues de lo contrario inmediatamente se cierra el flujo de los préstamos, no se aplican los créditos aprobados y entonces viene una situación más difícil.

"Por eso, señaló, nos comprometimos a reducir el Presupuesto General de la República en 100 millones de lempiras".

Subrayó que para reducir el presupuesto se ha tomado la decisión de no crear plazas nuevas, no ocupando muchas de las plazas vacantes, reduciendo los viajes al exterior, bajando los gastos de viáticos internos y afectando a todos los renglones del gasto corriente que han sido sometidos a una estricta austeridad.

Asimismo, afirmó que cuando salga de la Presidencia de la república lo hará con la frente en alto y que no habrá sonrojos en su cara ni vergüenzas que ocultar, porque va a manejar la administración pública con toda honestidad y la mayor dedicación posible.

"Desde luego, aclaró, eso no quiere decir que yo soy un dios o que soy un hombre que lo sé todo o que puedo hacerlo todo y que voy a hacer que todos los funcionarios del gobierno tengan un comportamiento honesto como deben tenerlo en este y en los futuros gobiernos".

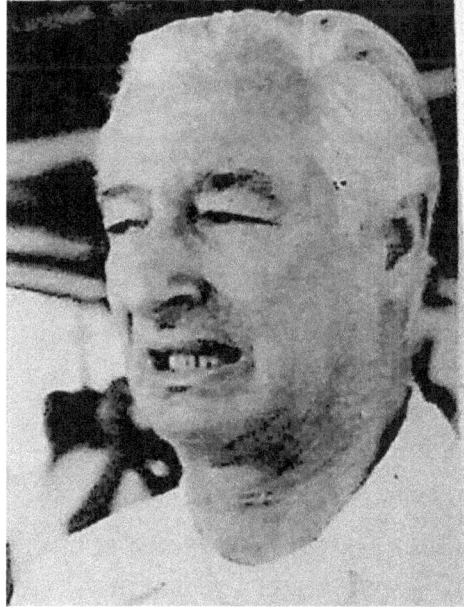

JOSÉ AZCONA HOYO

El gobernante dijo que siempre habrá malandrines y algunos que quieran aprovecharse de la situación, "pero también no sólo son los funcionarios públicos los culpables de la situación económica del país, sino que también los evasores de impuestos y los comerciantes que no pueden trabajar sino es a base de meter contrabandos, sobornando empleados".

Azcona criticó a los profesionales y funcionarios públicos que se niegan a pagar hasta el Impuesto sobre la Renta por los salarios que reciben como empleados hasta del mismo Estado.

"Aquí todos somos culpables de la situación económica del país y no vamos a buscar solamente a una pobre mujer que trabaja tal vez en una aduana y que le dan un soborno de 200 lempiras para meter un electrodoméstico. Tenemos que tener conciencia de que Honduras es de todos y que todos tenemos que poner nuestro grano de arena para que este país se enrumbe por derroteros de dignidad y de progreso", concluyó.

La Tribuna/13 de mayo de 1987

SANDINISTAS ESTÁN PERDIENDO LA BATALLA, ASEGURA GALVIN

El nuevo Comandante General de la OTAN se despidió ayer del presidente Azcona y de las Fuerzas Armadas de Honduras.

El ejército sandinista está perdiendo la batalla en Nicaragua, aseguró ayer el general norteamericano John Galvin, quien visitó la Casa de Gobierno para despedirse del presidente José Azcona Hoyo al cesar como Jefe del Comando Sur de los Estados Unidos.

Galvin ha sido nombrado nuevo Comandante Supremo de las Fuerzas de la Organización del Tratado del Atlántico Norte (OTAN) luego de cumplir un papel de primer orden en la ofensiva contrarrevolucionaria nicaragüense que financian los Estados Unidos.

El general John Galvin (derecha en la foto) es acompañado por el embajador Everett Briggs y personal de seguridad de la embajada de Estados Unidos a su ingreso a la Casa de Gobierno.

En breves declaraciones a la prensa local, el militar norteamericano dijo que se encontraba en Tegucigalpa para despedirse antes de asumir su cargo en la OTAN y añadió que admira al presidente

Azcona y a las Fuerzas Armadas de Honduras porque "están muy bien preparadas para defender el país y defender la democracia".

"La situación en la región centroamericana va mejorando porque considero que los sandinistas van perdiendo la batalla en Nicaragua y dentro de poco tiempo vamos a ver la democracia en todo Centroamérica", aseguró Galvin.

El nuevo comandante de la OTAN también se entrevistó con el Comandante en Jefe de las Fuerzas Armadas, general Humberto Regalado Hernández.

En ambas ocasiones fue acompañado del embajador norteamericano, Everett Briggs.

En horas de la noche, el general Galvin fue objeto de un homenaje de parte de las Fuerzas Armadas al que también asistió el presidente Azcona.

El Heraldo/13 de mayo de 1987

[Editorial]
NIÑOS VAGOS, DROGADICTOS Y LA JUNTA DE BIENESTAR SOCIAL

Uno de los médicos del hospital "Mario Mendoza" declaró a la prensa que el número de niños entre 5 y 6 años se inician en la farmacodependencia, aun cuando "el promedio general de menores que consumen drogas ocurre entre los 10 y 12 años".

La causa de que este mal se vaya incrementando en Honduras tiene como origen, según el médico consultado, en desintegración familiar, la pobreza, la promiscuidad, la desnutrición, el hacinamiento, así como los padres alcohólicos.

Como consecuencia del vertiginoso ascenso de la drogadicción de niños y jóvenes en nuestro país, se está produciendo un creciente desorden social al formarse grupos de delincuentes que alarman a la ciudadanía.

Se cita además que la adicción a las drogas y, sobre todo, a los inhalantes, producen la muerte a muchos jóvenes, sobre todo de aquellos que inhalan drogas peligrosas que causan daños irreversibles en el cerebro, por cuanto dificultan la normal oxigenación del cerebro. Muchísimas muertes antes de cumplir los 18 años.

Durante el día y por las noches es común encontrarse sobre las aceras niños que se cubren con cartones, papel periódico, y muchos apenas cubiertos con las ropas que andan puestas.

Estos niños, al parecer, no tiene padres y viven de la limosna, por ahora, ya que cuando crezcan y se disgreguen -porque hay grupos familiares- se convertirán en delincuentes de la peor especie para amenazar a la gente honrada y crear la inestabilidad social.

Hay mujeres y hombres miserables que han convertido las calles céntricas de las ciudades de Honduras en núcleos de limosneros que abordan al transeúnte en demanda de unas monedas. Mujeres que alimentan en la calle a sus vástagos, mientras estiran la mano para que les demos unos centavos. Estas escenas se multiplican por todas las ciudades, dando un aspecto deprimente de miseria y abandono.

Entendemos que la Junta Nacional de Bienestar Social, fundada por Doña Alejandrina viuda de Villeda Morales, no tiene la capacidad económica para resolver los millares de casos que se dan a diario en las metrópolis, en donde las casas y los ciudadanos parecen hormigas que trepan por los cerros convertidos en laderas secas e inhóspitas, en donde muchos no trabajan, ni tienen rentas para vivir. De esa forma, aparecen las zonas marginales que no disponen de alcantarillado, ni de agua potable. Carecen de energía eléctrica, vías de acceso y una escuela u hospital público a donde puedan ir en consulta y sin pagar nada, porque nada tienen.

Muchos de esos infantes que deambulan sin rumbo por nuestras calles se ven despiertos y con ojos que escrutan las distancias, siempre en busca de algo. Podrían ser mañana jóvenes útiles a la sociedad, gente que produzca y que brinde seguridad a la comunidad donde viven, pero para recoger esos niños, entendemos que la Junta Nacional de Bienestar Social requiere de otros mecanismos legales que amplíen su cobertura, así como un presupuesto que satisfaga las necesidades que demandaría una labor más completa y a nivel nacional.

Sin dinero no se puede rescatar de las garras del vicio ni de la delincuencia a centenares de niños sin padres, convertidos en vagos y en amenazas a sus semejantes.

Es bien cierto que necesitamos disminuir el gasto público, pero también comprendemos que es de imperiosa necesidad resolver un problema que tiene muchos orígenes y una sola víctima: la sociedad.

Consideramos que Doña Miriam de Azcona tiene la voluntad y la energía de emprender una jornada titánica a nivel nacional a fin de rescatar de las calles a millares de niños que andan siempre en busca de comida o de algo que robar, para lo cual se demanda capital para ampliar las instalaciones, contratar personal, adquirir alimentos, papelería, libros y albergues que den calor de hogar a quienes nunca lo han tenido.

¡Mirad esos rostros que reflejan angustia, indiferencia y una profunda tristeza!

Es fácil descubrir entre esa sucia faz unos ojos que imploran la comprensión de los demás, que claman sin pedir una ayuda para salir de la soledad, de la vagancia, del frío y del hambre.

Miles de niños lloran al verse abandonados a su suerte, sin el hogar que nunca han tenido, sin la madre que los dejó en el desamparo y un "macho" que después del acto sexual se perdió para no volver jamás.

Necesitamos entonces que dentro del PACTO SOCIAL del ingeniero Azcona Hoyo, se produzca un cambio trascendental en materia social, precisamente, para ampliar la actividad de la Junta Nacional de Bienestar Social y dotarla de los recursos económicos indispensables que le permita mediante un atrevido programa, hacer lo que demanda Honduras. De lo contrario, si el Presidente de la República no toma la cuota de responsabilidad en este asunto, Doña Miriam de Azcona será otra más de las esposas de un presidente de la República que pasó por la Junta Nacional de Bienestar Social en una actitud vegetativa, haciendo lo que todas han hecho, es decir, lo de siempre, lo acostumbrado, lo trillado, lo que nada cambia.

El Heraldo/13 de mayo de 1987

HONDURAS NO ACEPTARÁ DESPERDICIOS DE ESTADOS UNIDOS, ASEGURA PRESIDENTE AZCONA

El presidente José Azcona Hoyo negó ayer que su gobierno haya aceptado recibir un cargamento de basura y desechos químicos procedentes de Nueva York, tal como lo dieron a conocer informaciones provenientes de los Estados Unidos.

"No es cierto que estemos dispuestos a recibir esos desperdicios y tal situación ya la habíamos aclarado en el pasado", dijo el mandatario.

De acuerdo a los cables procedentes de Estados Unidos, el gobierno de Honduras había negociado, a través de la Empresa Nacional Portuaria, recibir el cargamento de desechos a cambio de determinada cantidad de dólares.

Sobre el mismo tema, el secretario de Prensa, Lisandro Quesada, dijo que el país no recibirá ninguna clase de desperdicios ni se convertirá en basurero de nadie.

"Una cosa es platicar y otra cosa es aceptar que venga esa basura" añadió Quesada.

El Heraldo/13 de mayo de 1987

UNA PROMESA CUMPLIDA DE AZCONA

GUAYMITAS EL PROGRESO, YORO
Mayo 5 de 1987.

A las 9.30 A.M., del día consagrado a las madres hondureñas, llegaron a la Aldea Mezapa, Atlántida, los representantes del gobierno de José Simón Azcona Hoyo. Al frente de la caravana iban el gerente general de la ENEE, ingeniero Jack Arévalo Fuentes, el ministro de Comunicaciones y Obras Públicas, ingeniero Juan Fernando López, asesor del Presidente de la República, abogado Carlos Falk Contreras, representantes de la Cía. Constructora CORINCA, ingeniero Naún Mejía, ingeniero Fernando Castro, alcalde municipal Alberto Discua Perdomo, abogado Raúl Matute y el diputado Javier Quezada, se hicieron presentes con el objeto de firmar el contrato con la Cía. CORINCA, la electrificación del sector de Guaymas y Mezapa; para este evento los esperaron los representantes COAPALMA: 34 representantes de Cooperativas, 23 patronatos de aldeas y caseríos del sector de Guaymas; la reunión se instaló bajo la sombra del milenario Ceiba, frente a la iglesia de Mezapa; árbol que recordaron los oradores que allí se habían reunido los votantes de azconistas, donde el ingeniero Azcona les prometió las obras de progreso para beneficio de estos pobladores, es así que el día de las madres se firma este acuerdo en nombre de las madres campesinas del sector.

Después de haber escuchado los elocuentes discursos, firma el contrato el gerente de ENEE y Cía. CORINCA y como testigo se escogió al profesor Ernesto Matute, viejo luchador por llevar la electrificación a su comunidad, y como último punto el profesor Matute invita a la concurrencia a un almuerzo en su casa de habitación, es aquí donde nos enteramos que el 11 de mayo se colocaron las primeras líneas de postes y que posiblemente tendremos una navidad iluminada.

Gracias señor Presidente por cumplir su palabra en beneficio de los humildes del campo.

JUAN ANDRES ESPINOSA
TTE. CORONEL DE INFANTERIA (r)

Tiempo/13 de mayo de 1987

NOCHE DE GALA PRESIDENCIAL

En honor del presidente José Azcona la Escuela Nacional de Bellas Artes hará una presentación artística-cultural denominada "NOCHE DE GALA PRESIDENCIAL", la que tendrá lugar el viernes 15 de mayo en el Teatro Nacional "Manuel Bonilla", a partir de las 7:30 de la noche. El trascendental acontecimiento rubrica el testimonio del sector de la comunidad docente y el alumnado de la Escuela Nacional de Bellas Artes por el amplio apoyo presidencial que se ha concretado en ese centro, consistente en la restauración física exterior, dotación de equipo técnico y didáctico moderno por valor de más de 165.000 lempiras y la construcción de tres nuevas aulas en las que se impartirán clases de artes plásticas a escolares de la capital. Considera la Escuela de Bellas Artes que con este noble gesto del Primer Magistrado de la Nación, José Azcona, el Partido Liberal retoma su papel de vanguardia en el terreno de la cultura.

La Tribuna/14 de mayo de 1987

FELICIDADES JOSÉ SIMÓN

El día de hoy, 13 de mayo, arriba a otro año de vida el inteligente joven José Simón Azcona Bocock, hijo mayor del matrimonio que forman el Presidente de Honduras, ingeniero José Azcona, y doña Miriam Bocock de Azcona.

José Simón recibirá las muestras de aprecio de sus padres, sus hermanos, compañeros de estudios y empleados de Televicentro donde labora con el mejor de los sucesos.

El Heraldo/13 de mayo de 1987

EXIGUO PRESUPUESTO TIENE EL ROSARIO

COMAYAGUA (Julio César Turcios). La alcaldesa del municipio de El Rosario, Comayagua Rita Machado de Alvarado manifestó que esta alcaldía actualmente cuenta con un raquítico presupuesto de 36.801.30 lempiras.

Según la funcionaria edilicia este presupuesto es demasiado poco, por lo que dificulta realizar proyectos en este lugar así como también atender las solicitudes de ayuda que a diario hacen las diferentes aldeas de este municipio.

Agregó que este municipio tiene muchas necesidades, las cuales serán presentadas al presidente de la República, José Simón Azcona, para que les ayude a solventarlas.

Entre las necesidades que le presentarán al mandatario está la construcción de un kínder, mejorar el abastecimiento del agua potable, ya que el actual no es suficiente y otros proyectos que son de gran importancia para las aldeas circunvecinas a este municipio.

Agregó la alcaldesa que el pueblo de El Rosario se siente satisfecho con el ingeniero Azcona por haber hecho realidad el sueño de hace muchos años como lo es el servicio de energía eléctrica, que tanto hacía falta en esta comunidad que por muchos años permaneció olvidada por los gobernantes anteriores.

Rita Machado de Álvarez

El Heraldo/14 de mayo de 1987

Hoy en casa de Gobierno
AZCONA JURAMENTA LA OLÍMPICA

El presidente Azcona juramentará este día en horas de la mañana en el Salón Azul de la casa de gobierno, a la selección Olímpica hondureña que el próximo domingo cumplirá frente a su similar de Guatemala el primer compromiso oficial en el marco de las eliminatorias Olímpicas Seúl 88.

La información la confirmó ayer el gerente de la FENAFUTH Alberto Yescas quien a su vez autorizó la inscripción del centro delantero Cipriano Dueñas, quien por un error involuntario no fue incluido en el listado general que se envió a CONCAFAF y FIFA.

El gerente dijo que el secretario privado del presidente Azcona, William Hall había confirmado la hora de juramentación que será hoy a las diez, tiempo en el cual el presidente de los hondureños, prometió departir con el grupo de jugadores, cuerpo técnico y directivos del fútbol Nacional.

Asimismo, Alberto Yescas desmintió la especie divulgada en varias emisoras en cuanto a que la selección Olímpica se moverá al interior del país específicamente a Siguatepeque, para evitar contactos con la prensa.

"Hay gente que no tiene informaciones y se inventa cualquier cosa para llenar los espacios" comentó. - R. Ivánn.

El Heraldo/14 de mayo de 1987

CORTADORES DE CABEZAS

De un tiempo a esta parte, en Honduras se ha puesto de moda algo que fue muy usado en tiempos de la Revolución Francesa, valga decir el pretender cortar la cabeza de quien se consideraba que había cometido algo que no era del agrado de los nuevos amos del poder.

La guillotina funcionaba en París como algo natural y las testas coronadas o no, incluidas las de algunos revolucionarios, posteriormente, alcanzaron un número considerable por el uso tan frecuente de ese cortante instrumento.

Pero la guillotina que funciona en Honduras, o que quieren que se ponga en acción es de tipo político. Aquí nada se discute de buen agrado sin estar pidiendo la cabeza de tal o cual funcionario, que le cae mal a determinado grupo de presión.

Resulta que los caciques de ciertas organizaciones agrarias dicen que llegarán hasta las últimas consecuencias (que no se sabe cuáles podrían ser), sino se le corta la cabeza al director del INA.

Y así el Presidente pasa de un lado para otro viendo cómo queda bien con los dirigentes campesinos y con un funcionario que él considera está ejecutando la Reforma Agraria de acuerdo con los principios que el mandatario le está dictando.

De pronto, los del Ferrocarril Nacional quieren –y exigen, que no es cuestión de bromas–que se decapite al gerente de esa institución porque de lo contrario, también están en capacidad de aguarle la fiesta al señor Azcona y hasta obligarlo a cancelar el viaje que tiene proyectado hacer a Israel.

Y así todo el que cree que las puede, viene y pone hasta un ultimátum al Presidente ordenándole que destituya al ministro tal o cual porque no está cumpliendo con sus obligaciones.

Nosotros no queremos convertirnos en defensores de oficio de los que tienen en la mira los cortadores de cabeza, porque entendemos que esa es función exclusiva del primer mandatario y si éste cree que los señores le están cumpliendo, pues él sabrá a qué se atiene para decir que siguen gozando de su confianza. En todo caso es su responsabilidad.

Cuando los maestros quieren lograr alguno de sus múltiples objetivos dicen que la titular de Educación es la culpable y, por lo tanto, hay que pedir que se destituya. Así sucede con otros grupos que no pueden ver ni en pintura al secretario de Obras Públicas, Comunicación y Transporte, y cada cierto tiempo lo amenazan con que tiene sus días contados al frente de esa dependencia.

Este proceder es realmente irracional. Creemos que todo el mundo tiene derecho a exponer sus argumentos, a buscar mejoras en sus condiciones de vida y a proponer lo mejor para salir adelante de este subdesarrollo que nos agobia.

Pero de eso a pasar en una permanente amenaza y tener contra la pared al Presidente, hay gran distancia. Es al mandatario a quien le compete nombrar y separar a sus más cercanos colaboradores y por lo tanto no se le puede estar fastidiando todo el día con que cambie a sus ministros, puesto que hay que dejarlo en libertad y respetarle ese derecho que le concede la Constitución.

Sí en el curso de una negociación se establece que cierto o ciertos funcionarios son responsables de situaciones anómalas, eso es otro cantar y ya habrá razones que abonen el deseo de sacar a quien no cumpla, puesto que el Presidente no es un ciego ni un torpe como para no comprender lo que pasa.

Pero resulta absurdo, tremendamente irracional y estéril, pasarse los días con esta cantilena como paso previo para resolver diferencias entre los diversos grupos de presión y el gobierno.

Quizá si adoptasen una postura más inteligente, menos intransigente y sin tanta soberbia, el Presidente les daría satisfacciones y probablemente hasta una agradable sorpresa. Pero por esa vía, creemos que están destinadas al fracaso todas sus iniciativas que, si prosperan, harían que el gobernante fuese tan sólo un títere que no puede nombrar a quien le plazca.

El poder tiene sus prerrogativas y ésta es una de ellas. Eso es algo que los que piden las cabezas deben entender. Por otro lado, nunca llueve al gusto de todos y por más que el Presidente nombrara a uno, éste no sería del agrado de otros y así nos meteríamos en un lío del que nunca podríamos salir. ¿Eso será acaso lo que quieren?

La Prensa/15 de mayo de 1987

[Editorial]
SE HA VIOLADO LA CONSTITUCIÓN

En mérito a la acuciosidad de uno de los reporteros de EL HERALDO que logró recabar algunas observaciones que se han hecho de manera oficial a la Ley de Planificación, cuya concepción y alcances vulneran preceptos constitucionales, nos permitiremos señalar los puntos de fricción que crean anarquía al momento de aplicarlos y confrontar sus concepciones legales.

El artículo 9 de la Ley de Planificación, precisa que le "corresponde al Presidente de la República en Consejo de Ministros: 1) Aprobar, dirigir y coordinar el diseño y la aplicación de la política económica y social del Estado, y 2) Fijar los objetivos y aprobar el Plan Nacional de Desarrollo, previo a su remisión al Congreso Nacional".

El Artículo 245 de la Constitución de la República manda que "el Presidente de la República tiene la Administración General del Estado; son sus atribuciones…22.-Formular el Plan Nacional de Desarrollo, discutirlo en Consejo de Ministros, someterlo a la aprobación del Congreso Nacional, dirigirlo y ejecutarlo".

El numeral 30, dice que el Presidente de la República en Consejo de Ministros tiene la atribución de "Dirigir la política económica y financiera del Estado".

Como es comprensible, las disposiciones señaladas adolecen del vicio de inconstitucionalidad de contenido, porque obligan al Presidente de la República a compartir con el Consejo de Ministros atribuciones que son privativas del primero, de acuerdo con lo dispuesto en el Artículo 245 de la Constitución de la República.

Igual ocurre con el numeral 6 del Artículo 9 de la Ley de Planificación que dispone agenciarle la facultad de "aprobar el Proyecto de Presupuesto de Ingresos y Egresos de la República y los proyectos de presupuesto de los organismos descentralizados, previo dictamen favorable de la Secretaría de Planificación, Coordinación y Presupuesto".

Según el apunte de nuestro colaborador, la observación que se hace sobre este numeral seis, es que se incurre en inconstitucionalidad de fondo al omitirse el dictamen de la Secretaría de Hacienda y Crédito Público que exige el Artículo 266, párrafo segundo, de la Constitución de la República, el que dispone que Hacienda y Crédito Público y el Consejo Superior de la Planificación Económica, elaborarán por separado dictámenes con el objeto de determinar la congruencia de tales documentos con los planes de desarrollo aprobados.

Por otra parte, el Artículo 25 de la Ley de Planificación, dispone que "La Secretaría de Planificación, Coordinación y Presupuesto tendrá las siguientes funciones: 2) Coordinar con el

Banco Central de Honduras y con la Secretaría de Hacienda y Crédito Público el uso del crédito interno y externo, directo e indirecto, atendiendo los lineamientos establecidos por el Presidente de la República".

Las observaciones que formuló una comisión de dictamen, como consta en los apuntes de nuestro reportero, se contraen a señalar que "conforme al Artículo 246 de la Constitución, existe una Secretaría de Hacienda y Crédito Público a la que lógicamente, por la naturaleza de sus funciones le corresponde todo lo relacionado con el crédito público.

"En armonía con esta disposición constitucional, se ha atribuido a la Secretaría de Hacienda y Crédito Público la función de administrar el crédito y la deuda pública interna y externa, tal como se establece en el Artículo 3, numeral 5 del Decreto 129 del 5 de febrero de 1971, reformado mediante Decreto N.º. 35 del 18 de marzo de 1983, que dice: "Corresponde a la Secretaría de Estado en los Despachos de Hacienda y Crédito Público, las atribuciones siguientes: 5) Negociar y celebrar empréstitos del Estado y de las instituciones descentralizadas. Administrar el crédito y la deuda pública interna y externa".

Finalmente, el Artículo 44 de la Ley de Planificación, dispone que "a partir de la vigencia de la presente Ley, las disposiciones generales que regirán la ejecución de los presupuestos del sector público, deberán ajustarse obligatoriamente a los principios y procedimientos establecidos en esta Ley y en caso de conflicto, prevalecerá lo dispuesto en la presente Ley".

Aquí la falla es de fondo, porque "contravienen lo establecido en el Artículo 368 de la Constitución de la República, al legislar sobre otro de los aspectos del proceso presupuestario que es materia privativa de la Ley Orgánica del Presupuesto, de acuerdo con la propia Constitución"

EL HERALDO considera que está suficientemente demostrado que la Ley de Planificación violenta en muchísimos de sus artículos a la propia Constitución de la República, por lo cual es de apremiante necesidad preparar las reformas.

El Heraldo/15 de mayo de 1987

EL SEÑOR PRESIDENTE

Moisés de Jesús ULLOA DUARTE. El Señor Presidente de la República, Ingeniero José Azcona, después de un tiempo de inactividad política dentro del Partido Liberal que le llevó al poder, tal vez atendiendo excitativas que le fueran formuladas por algunos sectores nacionales, entre ellos la prensa hondureña, o porque el primer magistrado lo consideró en estos precisos momentos como algo imprescindible, oportuno y necesario para la tranquilidad nacional, ha iniciado una labor de acercamiento y unidad en las filas de su instituto político, especialmente entre los varios aspirantes o precandidatos al cargo más importante de la Nación.

Hemos considerado como prematura la actividad proselitista de los pre-candidatos y atribuimos a esa actitud el divisionismo surgido en el partido que logró el poder en las pasadas elecciones generales y la falta de acometimiento en la búsqueda de soluciones nacionales a los múltiples problemas que aquejan a la hondureñidad. Aceptado lo anterior como un hecho consumado y como la pérdida de un tiempo precioso, en lugar de lamentarnos inútilmente aplaudimos la iniciativa del señor Presidente y esperamos confiados en que su ejemplo habrá de servir para que los aspirantes logren arribar al consenso general de brindar su apoyo al candidato único que, en su momento, habrá de ser seleccionado entre ellos por una convención señalada para tal efecto por las bases populares del Partido Liberal. Todo sea por la paz y la tranquilidad internas de la Nación y para agilizar las acciones gubernamentales que vengan en beneficio de la colectividad.

Logrado lo anterior, como lo esperamos todos, en el ámbito interno nacional, el Presidente Azcona, según nuestro entender, debe retomar con más energía los principios democráticos que inspiran su política exterior y reconquistar el liderazgo que, por derecho propio, le corresponde en Centroamérica por la simple razón de ser el Presidente del país que más se ha visto afectado por la situación aflictiva que prevalece en toda el área, calificada como una de las más explosivas del mundo.

La región centroamericana, por razones geográficas y, por ende, geopolíticas, se ha convertido en una de las más codiciadas del mundo y ahora, como en el pasado, es punto de atención primaria de parte de las superpotencias que se disputan la hegemonía universal. La Historia abunda en ejemplos que informan ampliamente sobre esta afirmación. En ese contexto geográfico y político cuya situación actual ha llegado al punto crítico por el establecimiento de un régimen comunista en Nicaragua que ha venido a desestabilizar nuestras débiles democracias, mientras los demás gobiernos de las naciones vecinas eluden responsabilidades con el presente y con el futuro de la historia centroamericana ejercitando políticas de estricta conveniencia particular, olvidando casi por completo el legado Morazánico de la Unidad de Centroamérica, la república de HONDURAS, con yerros e imperfecciones propios de la naturaleza humana, ha sabido asumir con plena responsabilidad histórica el papel protagónico que le corresponde como nación militante en las filas del mundo democrático y aceptado con singular valentía los riesgos políticos que conlleva una postura semejante en un mundo tan dividido como el de los momentos actuales en el que los factores económicos, sociales, políticos y militares son los que determinan las inclinaciones hacia los dos bloques, democrático y comunista, en que se ha dividido la Humanidad.

Por razones de moral y principios democráticos señalados en la Constitución política que norma la vida nacional e internacional de la nación, HONDURAS ha honrado la vocación pacifista que es mandato de la voluntad popular y, al mismo tiempo, ha levantado más insignias de país democrático. Es en tal sentido que el actual Presidente de los hondureños debe reclamar y hasta exigir el lugar que le corresponde a HONDURAS en el concierto de las naciones del mundo libre, con la misma entereza y firme voluntad con que definiera su conducta.

El Heraldo/15 de mayo de 1987

CENA DE GALA PRESIDENCIAL

La Escuela Nacional de Bellas Artes ofrecerá este viernes, en el Teatro Nacional Manuel Bonilla, una Cena de Gala Presidencial en honor al ingeniero José Azcona Hoyo, como reconocimiento al apoyo que han recibido del mandatario el presente año.

Por disposición del presidente se ha procedido a restaurar físicamente la parte exterior del edificio de ese centro, el que también ha sido dotado de equipo técnico y didáctico moderno por un valor de más de 165 mil lempiras.

Además, se construyeron tres aulas que servirán para impartir cursos especializados de artes plásticas para los alumnos de las escuelas primarias de la capital que demuestren tener vocación artística.

El homenaje comprenderá una presentación artística-cultural por parte de la comunidad docente y alumnos de la Escuela de Bellas Artes, y tendrán lugar este viernes a las 7:30 p.m., en el local indicado.

El Heraldo/14 de mayo de 1987

[Ya no les gusta Mario Espinal]

REGALADO SERÁ ENLACE ENTRE AZCONA Y DIRIGENTES AGRARIOS

Las recomendaciones del sector campesino para que se agilice el proceso de Reforma Agraria serán presentadas al presidente José Azcona Hoyo por el Comandante en Jefe de las Fuerzas Armadas General Humberto Regalado Hernández

El propio militar confirmó ayer que ha intercambiado opiniones con los dirigentes campesinos y el director del Instituto Nacional Agrario, Mario Espinal, para propiciar un diálogo que impida la puesta en práctica de medidas de presión por parte del campesinado.

Según Regalado, los dirigentes del agro tienen "muy buen criterio" al pronunciarse en favor del diálogo para la solución de los conflictos en el campo y, en ese sentido, él se ofreció para servir de enlace con el presidente Azcona.

"Estamos dispuestos a llevar las recomendaciones de los campesinos ante el señor presidente y también a poner nuestro granito de arena para que se imparta justicia y que la paz siga reinando en Honduras", declaró el jefe militar.

Aseguró que los comunistas criollos, dentro de su estrategia, "están tratando de llevar al país a la agitación", pero advirtió que esos agitadores "podrían caer en ese error yendo a irrumpir las leyes vigentes en el país".

"Yo creo que aquí hay buenas leyes y debemos mantenernos dentro de ellas", concluyó Regalado.

El Heraldo/15 de mayo de 1987

CENA DE GALA PRESIDENCIAL

El 17 de Julio, en Metro, tendrá lugar la Cena de Gala Presidencial que anualmente organiza la Cruz Roja Hondureña y a la cual es invitado de honor el señor Presidente de la República.

El ingeniero Azcona del Hoyo y la Primera Dama de la Nación, doña Miriam de Azcona, han confirmado ya su asistencia a esta cena que patrocina la Cruz Roja con el propósito de recaudar fondos para sus labores benéficas.

La cena comenzará a las 8:00 P.M. Habrán números musicales y estará amenizada por un famoso conjunto musical.

Tiempo/15 de mayo de 1987

CADENA DE PETICIONES ESPERAN A AZCONA HOYO EN SU LLEGADA A YORO

SAN PEDRO SULA. - El presidente José Simón Azcona Hoyo, acompañado de varios de sus ministros y de embajadores de países amigos acreditados en Honduras, llegará mañana a la ciudad de Yoro para firmar un contrato millonario de electrificación de siete de los once municipios que conformaran ese departamento.

El proyecto, que es respuesta a la promesa que el actual mandatario nacional realizara en Yoro en tiempos de su campaña proselitista que lo llevó al poder político de la nación, permitirá el alumbrado eléctrico desde Santa Rita, pasando por Morazán, El Negrito, Yorito, Sulaco, Victoria, Yoro y finalmente Jocón. Igualmente serán beneficiadas más de cien comunidades rurales de esa jurisdicción, según programación de la ENEE.

A la cita yoreña también estarán presentes el embajador norteamericano en Honduras, el embajador de Venezuela (como país que otorga el crédito para tal realización) y representantes de otros organismos financieros internacionales, según se dijo.

Los diputados del departamento de Yoro y las fuerzas vivas de la cabecera de Yoro, aprovecharán la presencia de tan importantes personajes para plantearle directamente al ingeniero Azcona Hoyo una serie de peticiones que redundarán en beneficio colectivo para las comunidades en cuestión y propiamente para el país.

Al presidente Azcona, los yoreños le pedirán que interceda ante el Ministerio de Educación para que construya un inmueble para el funcionamiento del Instituto "Santa Cruz de Oro", y ante la autoridad respectiva para lograr el mejoramiento del "Hospital Manuel de Jesús Subirana", el agua potable y el sistema de alcantarillado.

Que la SECOPT instale en aquella cabecera departamental un como la instalación de una planta telefónica automática.

La Prensa/15 de mayo de 1987

EXCELENTISIMO SEÑOR PRESIDENTE DE LA REPUBLICA JOSÉ SIMÓN AZCONA DEL HOYO

Yoro agradece su visita, junto su gabinete en pleno y la de sus invitados especiales y aprovecha está única ocasión para plantearle sus necesidades vitales:

a) MINISTERIO DE EDUCACIÓN:
-Construcción urgente del edificio del Instituto SANTA CRUZ DEL ORO.

b) MINISTERIO DE SALUD:

Mejoras urgentes en el Hospital Manuel de Jesús Subirana
Agua potable – Yoro carece de agua potable
Alcantarillado – complementación del sistema de aguas negras

c) MINISTERIO DE COMUNICACIONES, OBRAS PÚBLICAS Y TRANSPORTE

1.- Instalación de la planta telefónica automática
2.- Creación de un distrito de mantenimiento de las carreteras y caminos.
3.- Complementación de la capa asfáltica a la carretera Santa Rita-Yoro.

d) MINISTERIO DE RECURSOS NATURALES Y GERENTE DE COHDEFOR

-A través de COHDEFOR obligar a los aserraderos que están convirtiendo a este departamento en un desierto aceleradamente, a que "resiembren" cada árbol cortado.

-Reforestación inmediata e inminente de las cuencas hidrográficas: aledañas a la ciudad.

Con vuestra presencia Yoro se convertirá en un día en la capital de la República. El primer presidente constitucional que nos visita nos enorgullece y confiamos que conociendo nuestros problemas y necesidades nos ayude para el desarrollo de nuestro querido Yoro.
Gobernador Político, Cámara de Comercio, Asociación de Ganaderos, institutos de secundaria, escuelas públicas, oficinas gubernamentales, Cámara Junior, Club de Leones, Club Rotario, asociación de yoreños en San Pedro Sula y Tegucigalpa, autoridades civiles de Yoro.

La Tribuna/16 de mayo de 1987

AZCONA PROMETE PRIMA PARA PLANTA GASOL A CAMPESINOS

Un gran impulso a la industria alcoholquímica para beneficio del campesinado agrupado en la Federación de Cooperativas de la Reforma Agraria de Honduras (FECORAH), está dando el gobierno de la República, al ofrecer el presidente José Azcona Hoyo a los dirigentes de este importante sector campesino la prima para el montaje de la primera planta industrial destiladora de alcohol etílico de la caña de azúcar.

Este importante proyecto destinado a convertir el alcohol en gasol ha sido elaborado por la firma Condestil de Sao Paulo, Brasil, país que cuenta con una experiencia muy amplia en la utilización y diversificación de la industria alcoholquímica y que junto a México han ofrecido el financiamiento de esta planta en Honduras para beneficio del campesinado.

Los dirigentes de FECORAH expresaron a este rotativo la enorme complacencia por el apoyo que el ciudadano presidente de la República ha dado a sus planteamientos y muy especialmente al compromiso del gobierno de otorgar la prima para hacer realidad el montaje y operación industrial de esta moderna planta procesadora de "gasol".

"La ejecución de esta importante obra dijeron los dirigentes de FECORAH traerá enormes beneficios al sector campesino y producirá un gran ahorro nacional en la enorme factura petrolera al poder sustituir en gran medida el consumo de gasolina y otros derivados del petróleo con el gasol…".

Los dirigentes agrarios manifestaron únicamente su preocupación por la actitud negativa de cierto funcionario del gobierno que ha puesto algunas trabas en las recomendaciones al Ejecutivo para que se le dé carta blanca rápidamente a la ejecución de este importante proyecto que "además de generar grandes beneficios a la economía nacional, traerá bienestar y trabajo a centenares de familias campesinas dedicadas en diferentes partes del país al cultivo de la caña de azúcar", precisaron.

Actualmente, según informaron, los campesinos cooperativistas cultivan 3.500 hectáreas de caña de azúcar en la zona norte y 3.000 en la zona sur.

"Por este gran esfuerzo que desarrolla el sector campesino de la reforma agraria –agregó el informante- esperamos que las autoridades responsables del gobierno no continúen poniendo tropiezos al deseo del señor presidente de ayudar y respaldar a los campesinos cooperativistas productores de la caña de azúcar y que en corto tiempo se haga realidad el ofrecimiento de la prima para el arranque de esta importante empresa…" .

La Tribuna/15 de mayo de 1987

En casa de gobierno:

JOSÉ AZCONA HOYO JURAMENTÓ AYER AL SELECCIONADO OLÍMPICO

La Selección Nacional Olímpica de Fútbol fue juramentada a las 10:50 de la mañana de ayer viernes por el señor presidente de la República José Simón Azcona Hoyo.

El acto tuvo lugar en el salón principal de Casa Presidencial a las que asistieron miembros del Directorio de FENAFUTH, cuerpo técnico, jugadores y miembros de la prensa deportiva.

El acto duró aproximadamente cuatro minutos, el señor Presidente de la República al dirigirse a los seleccionados dijo "juráis y prometéis defender con honor el pabellón sagrado de nuestra patria", a lo que al unísono contestaron: "Sí".

Seguidamente el señor Presidente hizo entrega del Pabellón Nacional al capitán del equipo que defenderán en la primera fase eliminatoria Olímpica contra Guatemala.

Para concluir la ceremonia, los seleccionados fueron invitados a un convivio por el Señor Presidente de la República.

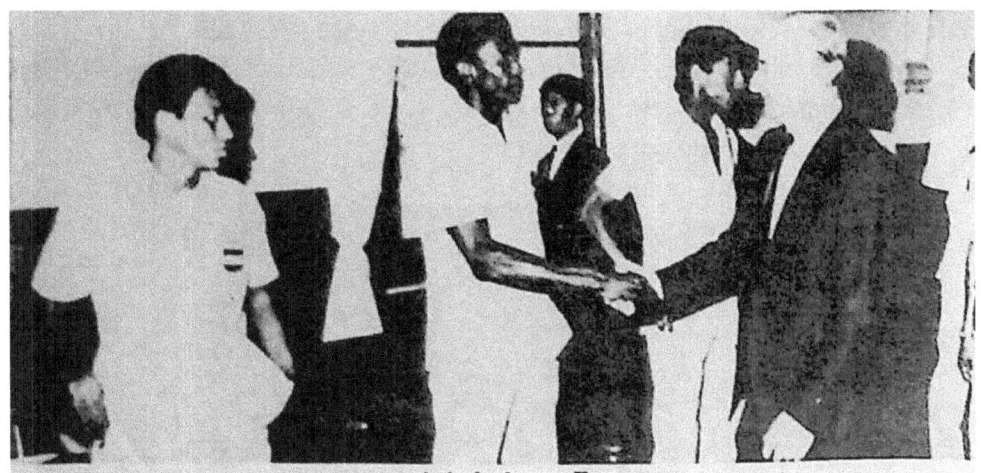

El presidente de la República, ingeniero José Simón Azcona Hoyo, estrecha la mano de cada uno de los seleccionados olímpicos hondureños después de entregarles el Pabellón Nacional y haberlos juramentado solemnemente. Hondura se enfrenta a Guatemala en el marco de las eliminatorias Olímpicas de SEUL 88. FOTO MAJIN.

Tiempo/16 de mayo de 1987

RESULTADOS DE ESQUIPULAS DEPENDEN DE ORTEGA: AZCONA

SAN PEDRO SULA. El director de la Región Sanitaria Tres, Reinieri Jiménez, admitió ayer la existencia de medicamentos vencidos en varios centros de salud y hospitales de la Zona Norte, pero aseguró que nunca se distribuyeron entre los pacientes como denunciaron afiliados al SITRAMEDHYS.

"Eran donaciones que estaban guardadas allí y se vencieron por lo cual no se utilizaron", dijo, pero no reveló por qué no fueron distribuidas entre los pacientes antes de caducar, especialmente, si se toma en cuenta los múltiples padecimientos de la población.

Aseguró que las mismas "no se botaron" porque para eso hay que seguir un trámite: "de lo contrario uno se expone a un reparo".

El galeno no pudo dar cantidades aduciendo que no las recordaba en el momento de ser entrevistado, pero afirmó "se giró oficio a la doctora Cristina Bustamante, encargada de Unidades de Medicamentos, para que estudie el caso".

Mientras tanto, "se están tomando medidas correctivas como el decomiso de los productos".

Confirmó que los dirigentes de la seccional "Vicente Palacios" del centro de Salud Miguel Paz Barahona, le comunicaron la anormalidad hace dos semanas: "llegamos al acuerdo de que se iban a tomar las medidas necesarias".

"Me extraña la actitud de los sindicalistas cuando ellos saben que se están haciendo esfuerzos por trabajar correctamente en todas las áreas de la región", expreso y agregó: "son raras sus declaraciones, pues ellos han visto que la bondad mía hacia los programas de salud es grande", sostuvo.

En declaraciones anteriores los sindicalistas dijeron que Jiménez no hizo nada para corregir la anormalidad, tampoco el director administrativo del ministerio, Carlos Rivera, a quien recurrieron luego de la supuesta displicencia del responsable de la Región Tres.

Los miembros de la "Vicente Palacios" manifestaron que hicieron esfuerzos por resolver la situación internamente, pero decidieron darla a conocer por considerar "injusto que se engañe al pueblo con algo tan delicado como su salud". (EDT).

Ortega

Tiempo / 16 de mayo de 1987

INJUSTA POSICIÓN DE CAMPESINOS: AZCONA H.

Espinal jamás prometió entregar 100 mil manzanas de tierras, asegura el presidente

Tegucigalpa. - El presidente José Azcona Hoyo anunció ayer que el lunes próximo se reunirá con dirigentes de las organizaciones campesinas, para analizar las demandas de entrega de tierras que últimamente han planteado.

El mandatario calificó de "injusta" la posición de los dirigentes campesinos de amenazas con hacer recuperaciones masivas de tierras y, de ser posible, realizar una marcha de campesinos por Tegucigalpa.

Señaló que el director ejecutivo del Instituto Nacional Agrario (INA), Mario Espinal Zelaya, "está haciendo todos los esfuerzos para hacer las afectaciones de tierra dentro de lo posible, pero hay que tener en cuenta que, frente al grupo campesino, también hay otro sector importante de la producción, como es el de los ganaderos y agricultores, y no se pueden afectar todas las tierras que piden los campesinos".

Asimismo, dijo que era injusta la posición de los campesinos de exigir la destitución de Mario Espinal como director del INA, y que éste jamás ha ofrecido entregar 100 mil manzanas de tierras.

"Se les dijo que se iba intentar llegar a la meta de afectar 30 mil manzanas en tres meses, que sería un récord, pero sin ningún compromiso", añadió.

Azcona explicó que no podría tomarse un compromiso de fijar una meta de entrega de tierras, porque además del INA existe la instancia del Consejo Nacional Agrario. "El director del INA puede declarar afectable una tierra, pero el dueño de la tierra puede apelar al Consejo Nacional Agrario y allí le pueden dar vuelta a la situación".

AZCONA HOYO

Tiempo/16 de mayo de 1987

Presidente de la República:

"BANASUPROS" NO SERÁN CERRADOS

Tegucigalpa. - El presidente José Azcona Hoyo aseguró ayer que los centros comerciales de las Suplidora Nacional de Productos Básicos (BANASUPRO) no serán cerrados, sino que algunos de ellos van a ser concesionados a personas particulares para mejorar los ingresos.

Indicó que algunos centros de BANASUPRO están obteniendo "enormes pérdidas" porque sus empleados "no se preocupan por mejorar las ventas, entonces esos centros se van a tratar de concesionarlos a personas que tendrán que esforzarse para obtener ganancias".

Dijo, además, que se pretende incrementar las actividades de BANASUPRO a través de una cadena de detallistas que instalarían sus pulperías para venderle productos al público. (TDG).

Tiempo/16 de mayo de 1987

¡A GANAR!

El presidente de la República, ingeniero, José Simón Azcona Hoyo juramentó ayer en la casa de gobierno a los integrantes del Seleccionado Olímpico que nos representará ante Guatemala en el marco de las eliminatorias SEUL 88. Los seleccionados recibieron la bandera nacional, comprometiéndose solemnemente a representar dignamente al país en esta justa deportiva que se inicia mañana. (Foto de Magín).

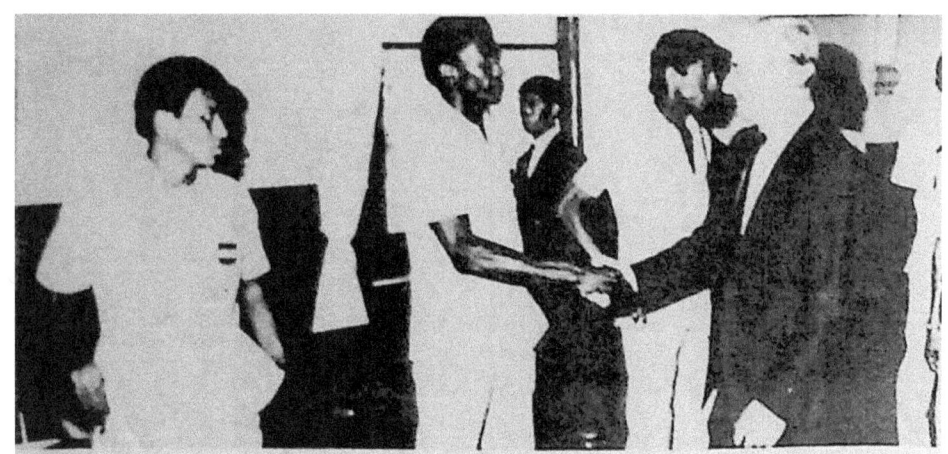

Tiempo/16 de mayo de 1987

Editorial

LA UNIDAD PARTIDARIA

El HERALDO fue el primer órgano de comunicación social que magnificó el encuentro de una parte de los precandidatos presidenciales del Partido Liberal con el Señor Presidente de la República, Ing. José Azcona.

El mandatario se mantenía ajeno totalmente al quehacer político de su partido. Ni siquiera ha tenido una reunión de trabajo con la bancada liberal afín a su administración, ni tampoco ha tenido reuniones con el Consejo Central Ejecutivo del Partido Liberal, que ha caído en el mar de la inoperancia, de la falta de autoridad y hacia cuya tesorería no acuden ni los de arriba ni los de abajo. Es un armatoste en el que nadie repara.

El primer funcionario de este país, que no tiene candidato para lo que suceda, no se quiere ver implicado en ningún padrinazgo presidencialista, hecho que se lo ha reconocido la ciudadanía en general.

Sin embargo, se ha llegado a un punto en el que se precisa de su presencia para crear un ambiente de confraternidad entre los aspirantes liberales a ser el candidato oficial de ese partido.

No se trata, como piensa algunos, que de la noche a la mañana todos los precandidatos apoyarán a un ciudadano y correligionario para que, en efecto de ellos, sea ungido como el Candidato Oficial del Liberalismo. La unidad no camina por esos rieles porque ninguno de los precandidatos liberales, de la noche a la mañana, depondrá sus aspiraciones en favor de quién no ha manifestado sus aspiraciones presidenciales, en el estricto marco del Partido Liberal.

Ahora bien, consideramos oportuno reproducir el pensamiento de Pedro J. Méndez Mora, ideólogo político venezolano, quien piensa que "hay quienes se entregan a un activismo cuyo trazo final puede ser un zig-zag en cualquier dirección, o un dar vueltas del mismo punto, con la ilusión de que se avanza mucho porque **se hace mucho**. Se trasnocha mucho, se hacen continuas e interminables reuniones, se inauguran obras de diversa magnitud, etc. Las mariposas, cuando no disponen de un sol verdadero, alto y lejano en el horizonte, suelen dar vueltas alrededor de cualquier bombilla, en medio de la noche y, el amanecer las sorprende agonizantes a la orilla del camino. Si tuvieran conciencia, quizá morirían en la seguridad de haber ejecutado un largo y agotador vuelo para estar cerca del sol. A buen juicio que muchos le reprocharían al destino y a la historia al terminar confundidos con las hojas secas de la orilla".

Así ocurre con muchísimos políticos criollos, malgastan sus recursos económicos, su tiempo y la paciencia de sus amigos. Creen que vuelan por la estratósfera y no han despegado de la caliente tierra. Hablan de todo sin concretar nada, quieren insuflar el desterrado revanchismo y hasta el canibalismo de otras épocas, sin comprender que nuestro pueblo los ha superado en su conducta y anhela nuevos enfoques económicos, una teoría política ligada estrechamente con nuestra vida republicana y un desarrollo social que exige el momento; sin los preámbulos demagógicos que no llenan la mente y, mucho menos, el estómago vacío del campesinado, ni sus actos tienen parangón alguno con las iniciativas de muchos de nuestros hombres de empresa que, como Jorge J. Larach, demostraron con los hechos la efectividad de su pensamiento progresista y visionario, creando empresas de comunicación social para que el pueblo pudiera expresar sus sentimientos , sus ideas y su fe en la democracia.

Coincidimos en el hecho de que las elecciones internas en las instituciones políticas existentes son la mejor forma de conducir a los partidos por el camino de la ley, sin pisotones dislocantes.

Ninguno de nuestros partidos tradicionales ha desarrollado su minuta doctrinaria ni su filosofía política. Todo ha sido a la brava, sin más objetivo que la búsqueda del poder por el poder mismo.

Muy pocos saben lo que significa el liberalismo ni la simiente doctrinaria del conservadurismo. Unos y otros siguen pensando que la mejor medicina es el garrote y la zancadilla política, para correr atropelladamente tras los cargos públicos.

Son muy pocos, en verdad, los que siguen la evolución de la política, como son contados aquellos que analizan la realidad de Honduras, siguiendo las doctrinas políticas de avanzada.

En el HERALDO creemos que hay que interesar a los jóvenes inteligentes para que se conviertan en políticos, para que incorporen su talento y su liderazgo empresarial hacia el campo político, como la vía expedita para mejorar todas las estructuras económicas que ahora imposibilitan el desarrollo industrial y social de Honduras.

Hay que llegar a la conclusión, como dice un estimable amigo de este diario, que donde no entran los buenos necesariamente entran los malos.

En lo que a nosotros se refiere, estimamos que nada hacemos condenando y maldiciendo la obscuridad, a los ladrones catrines, a los defraudadores y contrabandistas, a los funcionarios que llegan a los cargos públicos para hacer dinero y a la mayor velocidad posible. En lugar de esa incesante condena a la obscuridad y los vicios de nuestra sociedad, mejor prendamos una velita. ¡Hagamos luz para romper la obscuridad!

El Heraldo/16 de mayo de 1987

[Asegura Azcona]

GOBIERNO NORTEAMERICANO PAGARÁ LOS DOCE AVIONES QUE RECIBIRÁ HONDURAS

El presidente José Azcona Hoyo reiteró ayer que los doce aviones de combate que recibirá la Fuerza Aérea segarán pagados en su totalidad por el gobierno de los Estados Unidos y que el pueblo hondureño no tendrá que sacrificarse para tal adquisición.

"El pago de los aviones saldrá de la ayuda que los Estados Unidos le dan a las Fuerzas Armadas", aseguró Azcona, quien añadió que el Congreso norteamericano no tiene ningún fundamento para oponerse a la entrega de los cazas F-5E a Honduras.

El presidente insistió en que los aviones son necesarios porque nuestro país tiene un ejército menor que los de Guatemala y El Salvador puesto que el de Nicaragua es excepcionalmente mayor y no hay término de comparación.

"Honduras siempre ha tenido un poquito más alto su nivel en el arma de aviación y considerando que los Super Mystere están obsoletos las Fuerzas Armadas piensan que deben reponerse para tener siempre un nivel alto en esa rama", dijo Azcona.

El mandatario no quiso conjeturar sobre la posibilidad de que el Congreso norteamericano deniegue los aparatos porque "no quisiera adelantar acontecimientos ya que esto se ha hecho siempre de común acuerdo entre el gobierno y las Fuerzas Armadas y son los militares los que entienden de estas cosas".

Por otra parte, Azcona se mostró partidario de establecer relaciones comerciales con cualquier país del mundo y añadió que su gobierno está dispuesto a venderle a todo aquel que quiera comprar los productos hondureños.

El Heraldo/16 de mayo de 1987

AZCONA: CAMPESINOS SON INJUSTOS AL PEDIR LA DESTITUCIÓN DE MARIO ESPINAL

Refiriéndose al tema agrario, el gobernante hondureño, José Azcona, señaló que los sectores campesinos que están pidiendo la destitución del director del Instituto Nacional Agrario INA, Mario Espinal, "son injustos con ese funcionario que está haciendo todo lo posible por sacar las afectaciones de tierras en el menor tiempo posible".

Pero Azcona anuncio que el próximo lunes se reunirá con los dirigentes del sector agrario para analizar la marcha de la reforma agraria.

Dijo que la posición de los campesinos es injusta porque no comprenden la labor que desarrolla Espinal ni toman en cuenta que, frente al sector campesino, hay otro sector importante de la producción como es el de los ganaderos y agricultores.

"Los campesinos dicen que Espinal les ofreció 100 mil manzanas, pero eso no es cierto, sino que la reunión que tuvimos en la Presidencial algunos de ellos dijeron que querían 30 mil manzanas en 90 días, cantidad que nunca se ha afectado en un plazo tan corto", señaló Azcona.

Añadió que se les prometió a los campesinos afectar la mayor cantidad de tierras posible, pero sin compromiso alguno porque "además de la instancia del INA el dueño de la tierra puede apelar ante el Consejo Nacional Agrario si le declaran afectable su propiedad".

Azcona fue tajante al afirmar que "no se pueden afectar todas las tierras que piden los campesinos", pero aseguró que está dispuesto a dialogar con los dirigentes del agro.

El Heraldo/16 de mayo de 1987

ALEGRES LATINOS DE NUEVA ORLEÁNS PORQUE NO IRÁ PRESIDENTE AZCONA

Los residentes hispanos de la ciudad de Nueva Orleans, Estados Unidos, se manifestaron ayer alegres y aprobaron la decisión del presidente José Azcona Hoyo de no asistir a la cumbre presidencial que debía efectuarse en dicha ciudad del 16 al 20 de junio próximo.

Hondureños procedentes de aquel lugar señalaron a EL HERALDO que la actitud de los habitantes de la ciudad sureña norteamericana se debía a que ahí coincidirán el presidente Azcona Hoyo con su homólogo nicaragüense, Daniel Ortega Saavedra, lo cual consideran contraproducente debido a que Estados Unidos apoya a los rebeldes que combaten a Managua.

En ese sentido señalaron los hondureños residentes en Nueva Orleans que la prensa estadounidense brindará mayor despliegue a las actividades y disertaciones de Ortega Saavedra que a las de Azcona Hoyo por ser aquel más controversial.

Los informantes apuntaron que no convenía la cumbre presidencial centroamericana e indicaron cuán ridículo es que los contribuyentes norteamericanos gasten 100 millones de dólares para derrocar a Ortega Saavedra y sus aliados, pero a la vez se invierta en llevarlo a Nueva Orleans con el fin de realizar un "show" publicitario.

En ese sentido indicaron que varios grupos hispanos de Nueva Orleans, del cual el 80 por ciento son de ascendencia hondureña, preparaban marchas de protesta contra la presencia del hombre fuerte de Managua.

Todos los sectores estaban a favor que no debían presentarse a Azcona Hoyo y Ortega Saavedra en Nueva Orleans, de ahí que muchos aprobaran la determinación del presidente hondureño de rechazar la invitación para asistir a un foro que realizarán la Universidad de Tulane y el gobierno local de dicha ciudad.

Los informantes manifestaron que fue el presidente Oscar Arias Sánchez, de Costa Rica, quien insistió ante los organizadores para que invitaran a Ortega Saavedra a la cita, argumentando que la asistencia de los cinco presidentes brindaría un mayor peso a la conferencia además que facilitaría el trabajo a la cumbre presidencial que se realizará el mismo mes de junio en Esquipulas, Guatemala.

El Heraldo/16 de mayo de 1987

INJUSTA LA POSICIÓN DE CAMPESINOS AL QUERERSE TOMAR TIERRAS A LA FUERZA

TEGUCIGALPA. - (Por Faustino Ordóñez Baca). El presidente José Azcona Hoyo reveló ayer que aceptará la renuncia del ministro de Gobernación y Justicia, Raúl Elvir Colindres, quien por prescripción médica y por sugerencias de sus parientes no está dispuesto a continuar en el cargo.

Elvir Colindres se encuentra en período de reposo en su residencia tras recibir el alta en un hospital privado de la ciudad, en donde estuvo internado por más de una semana por problemas en su salud.

"Si el ministro de Gobernación me pone la renuncia explicándome razones personales respecto a su salud, se la voy aceptar", dijo Azcona Hoyo, quien agregó que por el momento no tiene candidato.

Respecto a otros cambios en el Gabinete de Gobierno el titular del Ejecutivo dijo que vamos al final del año sin ameritar realizar algunas sustituciones, porque en la actualidad no hay causa justa para quitar ministros.

SIN FUNDAMENTO

La posición que han adoptado los congresistas de los Estados Unidos respecto al suministro de aviones de combate tipo F-5 a Honduras, no tiene importancia para el presidente Azcona Hoyo.

"No tiene mayor fundamento la oposición del Congreso porque Honduras siempre tiene más alta el arma de aviación en relación a los demás países centroamericanos", afirmó previendo un rechazo de parte del Congreso de Estados Unidos.

CAMPESINOS

Los campesinos organizados del país han amenazado con realizar tomas masivas a raíz de que el gobierno ha incumplido con las disposiciones adoptadas al comienzo de año, cuando se anunció que dentro de tres meses se les dotaría de 30 mil hectáreas de tierra.

"Se les dijo que se iba a intentar entregar 30 mil hectáreas, pero no había compromisos", reveló el mandatario, indicando que de nada serviría expropiar tierras a los agricultores o terratenientes sin previo estudio, cuando éstos pueden recurrir en apelación al Consejo Nacional Agrario, organización que se encarga de dilucidar este tipo de problemas.

Cuando hablan que se van a tomar a la fuerza las tierras, "creo que es injusta la posición de ellos porque el director del Instituto Nacional Agrario está haciendo todo lo posible", comentó Azcona Hoyo.

Anunció que este lunes se reuniría con algunos de los dirigentes agrarios para analizar el problema y llegar a acuerdos satisfactorios a fin de evitar una crisis en el agro.

Respecto a las pérdidas anuales que experimenta la Corporación Hondureña de Desarrollo Forestal y que superan los dos millones de lempiras, el gobernante reveló haber cometido un error al cambiar el año anterior, la modalidad de exportación de madera.

"El cambio de modalidad en la exportación ha afectado negativamente a la COHDEFOR, afectándose los porcentajes que le quedaban", reveló para luego añadir que "este año habrá una revisión a los precios internacionales para ver si se puede mejorar la situación".

Azcona Hoyo apuntó que todos los sectores deben coadyuvar y concurrir en la solución de los problemas del país porque al gobierno se le hace imposible dilucidarlos todos.

José Azcona Hoyo

La Prensa/16 de mayo de 1987

AZCONA ACLARA QUE CERRARÁN SÓLO LOS BANASUPRO QUE SUFREN PÉRDIDA

El presidente José Azcona negó ayer que se haya tomado la decisión de cerrar definitivamente los centros de la Suplidora Nacional de Productos Básicos (BANASUPRO), pero informó que aquellos que registran pérdidas serán dados en concesión a personas particulares.

Contario a lo informado por el ministro de Economía, Reginaldo Panting, el presidente explicó que hay centros de BANASUPRO donde los empleados, como son pagados como tales, no se preocupan por mejorar las ventas y allí se están produciendo enormes pérdidas. "Entonces esos centros se van a dar en concesión", afirmó.

"Las personas que reciban centros de BANASUPRO en concesión se tendrán que esforzar para mejorar las ventas y evitar pérdidas, porque hemos visto que los empleados no hacen nada por la institución", comentó.

Sin embargo, reiteró que no se ha decido cerrar BANASUPRO y que la mayoría de los centros continuarán siendo mejorados directamente por el Estado.

"BANASUPRO implementará nuevas actividades como por ejemplo una cadena de detallistas para abastecer pulperías a fin de que éstas puedan vender los productos a precios más bajos y de esa forma se beneficie a las personas de menores ingresos", indicó.

Ayer, durante la reunión de la Agencia Internacional para el Desarrollo (AID) y los entes del gobierno hondureño, el director de ese organismo, John Sanbrailo, dijo que "quizás algunos proyectos caigan dentro de las prioridades y otros no tengan esperanza, especialmente los relacionados con los BANASUPRO".

Mientras, el ministro Panting, que participó en la reunión, anunció que "se están cerrando 31 centros BANASUPRO y los otros se están pasando a manos del sector privado".

La Tribuna/16 de mayo de 1987

[Azcona satisfecho]

RECUPERACIÓN MILAGROSA DE CEMENTOS DE HONDURAS

*100 mil toneladas métricas exportadas al Caribe y EU
*En poco tiempo Larios dinamizó actividades

La empresa Hondureña Cementos de Honduras ha estado de recuperación financiera después de que fuera intervenida por el Estado a raíz de habérsele concedido un aval para que obtuviera 75 millones de lempiras en préstamos para la ampliación de sus plantas de operación.

En los actuales momentos la empresa ha concretado ventas por 50 mil toneladas métricas de cemento a Puerto Rico, República Dominicana, Gran Caimán y la isla de San Martín, existiendo compromisos de exportación por igual cantidad, las que se harán efectivas en el presente año.

Mientras, Cementos de Honduras está preparando personal para la exportación y mercadeo, cuyos proyectos deben comenzar a implementarse en 1988 con el inicio de una nueva planta con capacidad de producir 650 mil toneladas de cemento, de las que 500 mil serán destinadas a la exportación.

Dichas ventas, según estimaciones de la fábrica, generarán a Honduras la suma de 20 millones de dólares en divisas.

La acción del éxito de Cementos de Honduras ha sido bien vista por la Corporación Nacional de Inversiones (CONADI), puesto que la cementera tendrá grandes posibilidades de ser privatizada en vista de que alcanzará dentro de poco una alta rentabilidad en sus operaciones.

Cementos de Honduras ha logrado obtener mediante sus exportaciones la suma de 20 millones de lempiras que eran necesarios para terminar un proyecto de ampliación y que, por consiguiente, firmas de los Estados Unidos solamente están a la espera de que entre en funcionamiento esta nueva planta para colocar pedidos millonarios en este mercado y de ser posible en otras naciones del Caribe y en la Unión Soviética.

Tras el cierre de operaciones de Cementos de Hondura en 1984 el gobierno decidió volver a poner en marcha la empresa mediante un proceso costoso y sin ninguna rentabilidad.

Esto provocó que se realizaran una serie de estudios por parte del Banco Central de Honduras, el Ministerio de Hacienda y el Ministerio de Planificación, quienes manifestaron que es necesario también poner al frente una administración eficiente y agresiva para que la empresa se pudiera recuperar y llegar a la etapa de exportación de cemento.

Es así como se nombró gerente de Cementos de Honduras a Roberto Larios, quien ha recibido el total respaldo del gobierno central para haber logrado la recuperación de una compañía en una bancarrota total.

En poco tiempo, Larios ha disminuido las actividades cementeras, que son un importante rubro en la economía hondureña.

Entre tanto, el presidente José Azcona ha expresado su satisfacción por el volumen de exportaciones de este año y los pronósticos crecientes para 1987.

Obreros de Cementos de Honduras vistos en las operaciones de las nuevas exportaciones de cemento al Caribe.

ROBERTO LARIOS

La Tribuna/16 de mayo de 1987

CAMPO PAGADO

CARTA PUBLICA AL SEÑOR PRESIDENTE DE LA REPUBLICA

Tegucigalpa, 14 de mayo de 1987

Señor Presidente
Constitucional de la República
Ing. JOSE AZCONA HOYO
Casa Presidencial

Excelentísimo Señor Presidente:

Obligado por las circunstancias me permito dirigirme a usted para exponerle en la forma más clara y concisa la situación que se ha creado a raíz de mi despido del trabajo que venía desempeñando en la Dirección General de Mantenimiento de Caminos y Aeropuertos, dependencia de la Secretaría de Comunicaciones, Obras Públicas y Transporte (SECOPT).

En el mes de mayo de 1986, fui contratado por el ingeniero Roberto Acosta Zepeda, en ese entonces director general, para desempeñarme como el jefe del Departamento de Equipos y Talleres, habiendo iniciado mis labores el 15 del mes en mención y trabajado continuamente hasta el mes de enero de 1987, cuando fui directa e injustamente despedido por el señor ministro ingeniero Juan Fernando López.

Pero lo importante en este caso señor presidente, no lo constituye mi despido; sino, el hecho de que el señor ministro, hasta la fecha se ha negado a pagarme los salarios devengados durante 8.5 meses que presté mis servicios a esa Secretaría y mucho menos el décimo tercer mes y las vacaciones proporcionales que me corresponden de acuerdo a las leyes de nuestro país.

En virtud de lo anterior y no teniendo otra alternativa, recurrí al Ministerio del Trabajo, para formular el reclamo para el pago de los valores que se me adeudan, en la forma que establece el Código del Trabajo vigente. Allí en ese Ministerio compareció el licenciado Roberto Andino Flores como representante legal de SECOPT, quien con instrucciones del señor ministro, manifestó que no podía hacer ningún arreglo conciliatorio y además, negando que yo había prestado mis servicios a esa Secretaría, situación que yo considero sumamente lamentable y hasta incomprensible, pues el mismo licenciado Andino, fue compañero mío de trabajo, ya que él también presta sus servicios como asesor legal de la Dirección General de Mantenimiento.

Agotado este trámite y en vista de no haber logrado que se me pague lo que en derecho me corresponde, únicamente por capricho o terquedad del señor ministro ingeniero Juan Fernando López, he recurrido a los tribunales del Trabajo a entablar demanda ordinaria de pago, la cual se encuentra en trámite en el juzgado 1o. de Letras del Trabajo, de esta ciudad.

Me parece que esta situación desdice mucho la actitud de uno de sus más cercanos colaboradores, por cuanto está violando flagrantemente las leyes laborales de nuestro país y con ello desprestigiando a su gobierno. Considero que una rectificación oportuna del señor ministro ingeniero Juan Fernando López, sería que a través del señor procurador general de la República se allanara en la demanda que está en trámite y se proceda al pago de los valores que se me adeudan y que a la fecha ascienden a más de Lps. 22,000.00.

Considero oportuno indicarle que, en el mes de diciembre del año recién pasado, el Departamento Administrativo de la Dirección General de Mantenimiento, emitió las órdenes de pago respectivas, pero las mismas fueron posteriormente anuladas, según me informaron por instrucciones precisas del señor ministro ingeniero Juan Fernando López.

Como desconozco las razones que el ingeniero López tuvo para mi despido y tiene ahora para negarme el pago de mis salarios y las prestaciones que me corresponden, ya que fui despedido injustamente por él en forma directa y personal, recurro a usted para que gire sus instrucciones a fin de que se proceda al pago de los valores que se me adeudan, pues actitudes como la que dejo planteada, estimo que no abonan nada bueno a su gestión administrativa.

¿Cuál sería la actitud del ministro de SECOPT, ingeniero Juan Fernando López, si al él se le deja pagar su salario durante 8 meses y medio de trabajo? Señor presidente, mi reclamo está enmarcado dentro de las leyes de nuestro país y el pueblo hondureño sabe que usted es una persona justa, honesta y respetuosa de las mismas, por ello confío que su respuesta será favorable.

Del señor presidente con toda consideración y respeto.
JOSÉ ALEJANDRO COSENZA

cc: Procurador General de la República
    Abogado Rubén Darío Zepeda G.
cc: Prensa y radio
cc: Archivo

La Tribuna/16 de mayo de 1987

UNIDAD LATINOAMERICANA SUGIERE AZCONA CONTRA LA LEY MIGRATORIA

TEGUCIGALPA. -El mandatario José Azcona abogó porque las naciones latinoamericanas ejecuten una "acción fuerte" para tratar de atenuar los efectos que generará la aplicación de la nueva ley de inmigración Simpson-Rodino.

"De haber una acción de parte de todos los países latinoamericanos que van a ser afectados, una acción fuerte para que esa ley sea suavizada o de ser posible reformada", dijo.

Observadores estiman que miles de latinoamericanos especialmente de Centroamérica y el Caribe serán deportados de los Estados Unidos en los próximos meses con motivo de la aplicación de la Ley Simpson-Rodino.

Está ley permite a los inmigrantes ilegales que hayan ingresado a los Estados Unidos antes del 31 de diciembre de 1982, ampararse a una amnistía, mientras lo que hayan llegado después serán deportados.

Azcona opinó que la deportación para las naciones del continente americano "va a ser un problema muy serio, porque ya tenemos problemas de desempleo aquí".

"Yo creo -añadió- que debe haber una acción de parte de todos los países latinoamericanos que van a ser afectados, una acción fuerte, para que esa ley sea suavizada o de ser posible reformada".

El presidente apuntó que "yo tengo la impresión de que esa ley, los mismos Estados Unidos la van a reformar porque ni cabe duda que ellos necesitan la mano de obra de Latinoamérica, claro dentro de un marco legal no como está ahora".

Sostuvo que cuando los norteamericanos se percaten "que escasea la mano de obra para servicios" la Ley Simpson-Rodino será reformada. (GP).

JOSE AZCONA

Tiempo/18 de mayo de 1987

Para obras de progreso:

CINCO MILLONES EN SUBSIDIOS SE REPARTIRÁN EN JUNIO: AZCONA

***Mandatario es aplaudido en Yoro.*

YORO, Yoro. - El presidente José Azcona Hoyo fue la persona que más aplausos logró arrancarle al pueblo el día de ayer entre todos los funcionarios que dijeron discursos con motivo de la firma del contrato de electrificación de Yoro.

64

El primero de intervenir frente al micrófono fue el gobernador político del departamento, Marco Antonio Cruz, quien le entregó las llaves de la ciudad al gobernante.

Lo defectuoso del sistema de altavoces utilizados en la tribuna hizo casi imposible que los yoreños escucharan la voz de su alcaldesa, María de los Ángeles Gómez, quien habló en representación de los 11 municipios de Yoro.

Después de Azcona, William Hall Rivera, el primer diputado liberal del departamento, fue el que cosechó más aplausos por su intervención. Primero le recordó a la concurrencia que en su primer discurso en Yoro, durante la campaña electoral, el ingeniero Azcona se comprometió a electrificar el departamento si ganaba la presidencia.

Una vez motivada la masa Hall Rivera se dejó ir con una promesa que causó gritos y aplausos, William Hall anunció que "por decisión del señor presidente vamos a iniciar muy pronto la construcción del edificio del Instituto Oficial Santa Cruz de Yoro".

El gerente de la Empresa Nacional de Energía Eléctrica dijo un discurso improvisado y lleno de optimismo. "Tenemos todo el año comprometido en la inauguración de obras y proyectos de electrificación por todo el país".

El optimismo de Jack Arévalo se fundamenta en que modificó el Reglamento de Extensión de Líneas de la ENEE, que establecía que la ENEE aportaría solamente L.300 por la instalación del alumbrado por abonado y lo amplió de 500 a 700 lempiras, o sea que el aporte económico de la empresa es más amplio y permite mayor cobertura del servicio.

Agradeció la cooperación del embajador de Venezuela, Dionisio Marcano y la del gerente del Fondo de Inversiones de Venezuela, Héctor Hurtado.

El ministro asesor del presidente Azcona, Carlos Falck, reiteró lo expresado por Jack Arévalo, en el sentido que al mandatario le hará falta el tiempo para andar inaugurando obras en todo el país. "Los nuevos políticos tendrán que ofrecer algo más que simples palabras al pueblo", dijo Carlos Falck.

El ministro de Comunicaciones, Obras Públicas y Transporte, Juan Fernando López, en su discurso dijo que el departamento de Yoro tiene ahora un futuro asegurado con la llegada de la energía eléctrica.

Se desvió del tema para llamar la atención de la juventud a quien le recomendó "el mal ejemplo de un dirigente sindical que llevó al fracaso a un sindicato y a una empresa", dijo el titular de SECOPT hablando del diputado nacionalista, Manuel Guerrero, presidente del desaparecido Sindicato Obrero El Mochito (SOEM).

"Ese ejemplo debe ser analizado cada vez que se va a hacer un reclamo, para no exigirle al gobierno que haga en un día lo que no se ha podido hacer en muchos años", dijo Juan Fernando López para calmar a los que llegaron con pancartas pidiendo edificios para escuelas y colegios.

Finalmente llegó el punto esperado por el público, la intervención del presidente Azcona, quien empezó diciendo que uno de los pocos ofrecimientos que le hizo al pueblo yoreño en la campaña electoral fue la de electrificarles todo el departamento.

Agradeció el apoyo financiero del Fondo de Inversiones de Venezuela y dijo que aunque otros Estados han renunciado a pagar la deuda internacional, Honduras continuará pagando la suya y seguirá adquiriendo más financiamientos para obras de progreso. Lamentó, sin embargo, que parte de la deuda internacional de Honduras no haya sido bien utilizada.

El presidente anunció que ya se aprobaron cinco de ocho millones de lempiras que serán destinados para subsidios en todo el país para invertirlo en obras de progreso. Los primeros cinco millones serán distribuidos en el mes de junio y el resto en los meses de noviembre y diciembre.

Finalmente le hizo un llamado a todo el pueblo de Honduras para que trabajaran en forma mancomunada por el país, evitando que la política sectaria los divida "porque la política no debe dividir a los pueblos" dijo Azcona.

Tiempo/18 de mayo de 1987

UN LIBELISTA LLAMADO SELSER

Moisés de Jesús ULLOA DUARTE

Continuando con su labor sistemática de desprestigio contra la República de HONDURAS, su pueblo, su gobierno, y sus Fuerzas Armadas, el panfletista mexicano Gregorio Selser, inocultable mercenario de la pluma al servicio del régimen sandinista de Nicaragua y autor del infamante folletín "HONDURAS, una república alquilada", cuya primera edición fue impresa en 1983, ha vuelto a las páginas de "Barricada", periódico oficialista del F.S.L.N., para ultrajar en forma soez y reiterada a la nación hondureña y, esta vez, al Señor Presidente de la República de HONDURAS, Ingeniero José Azcona y al Señor Presidente del Congreso Nacional de nuestro país, Licenciado Carlos Montoya.

La forma sistemática en que Gregorio Selser publica sus libelos difamatorios contra la República de HONDURAS y contra los elementos que conforman su sociedad, vuelve necesaria una acción de escarmiento contra este mercachifle del "periodismo" que, para justificar los estipendios que recibe del régimen sandinista, recurre al expediente condenable de deturpar a nuestra Patria en términos tan ofensivos que anulan cualquier credencial con que pretenda acreditarse como periodista o escritor objetivo y serio.

Gregorio Selser, en publicación aparecida en "Barricada", edición del 6 de mayo de 1987, llega a la intolerable osadía de escribir que "se estima que el precio del alquiler de HONDURAS para todo uso es de 200 millones de dólares anuales a contar desde 1983" y que "si HONDURAS fuese un Estado-Nación más o menos..."

Luego, atribuye al Presidente de HONDURAS, José Azcona, haber dicho que "un país pobre como HONDURAS no puede permitirse el lujo de tener dignidad".

Basta con esta falsa afirmación de Gregorio Selser para enjuiciar su conducta vergonzosa que llena de escarnio al país de que es originario y al mismo régimen totalitario al que sirve como un escribano de alquiler.

Mayo 1987

El Heraldo/18 de mayo de 1987

PRESIDENTE AZCONA COMPARTIO NOCHE ARTISTICA CON AUTENTICOS VALORES DEL ARTE NACIONAL

TEGUCIGALPA. - (POR COVADONGA LASTRA). Los designados presidenciales, los secretarios de estado, los presidentes y gerentes de instituciones autónomas, los honorables diputados del Congreso Nacional y otros funcionarios del Gobierno que estaban invitados a la Noche Artística Presidencial no hicieron acto de presencia a este evento cultural que la Escuela Nacional de Bellas Artes dedicó al mandatario de Honduras, ingeniero José Azcona.

"Los mejores hombres de este país" y los padres de la patria tienen cosas más importantes que hacer los fines de semana. Eso de asistir a eventos en los que se van a presentar artistas hondureños es perder el tiempo.

Lo importante es visitar aldeas y caseríos para hacer promesas en las que están comprendidas la instalación de agua, luz, teléfonos, pavimentaciones, construcciones de escuela, organización de la banda del pueblo. Pero una vez pasadas las elecciones y cuando ya se tiene en la mano la cartera ministerial o se está cómodamente sentado en un escaño del hemiciclo del Palacio Legislativo ya todo queda olvidado. Pero es importante no faltar a una sesión cuando va a comparecer el Jefe de las Fuerzas Armadas o cuando se va a discutir la rebaja de impuestos a los automóviles.

Los jóvenes artistas de Honduras que en una mañana cercana serán ciudadanos con derecho al sufragio no se les va a olvidar que los funcionarios hondureños y los honorabilísimos diputados de los otros partidos políticos del país recibieron con tal indiferencia una invitación para compartir con ellos una inolvidable noche de arte.

Dino Fanconi entrega al presidente Azcona, a nombre de la Escuela Nacional de Bellas Artes, dos esculturas de los artistas Jesús Zelaya y Obed Valladares. *(Foto José Luis Zelaya).*

Jóvenes hondureños integrantes del Conjunto de Cámaras y de la Banda Juvenil de la "Francisco R. Díaz Zelaya". *(Fotos José Luis Zelaya).*

El presidente José Azcona en compañía de Dino Fanconi hace su ingreso al "Manuel Bonilla". Le aplauden miembros del Cuerpo Diplomático invitados especiales. *(Foto José Luis Zelaya).*

La Prensa/18 de mayo de 1987

Firman contrato
ENERGÍA ELÉCTRICA LLEGARÁ A SIETE MUNICIPIOS DE YORO

YORO, YORO. - La firma de un contrato para electrificar siete de los once municipios y una veintena de comunidades rurales de este departamento, mediante un empréstito de 7.8 millones de lempiras, otorgados por el Fondo de Inversiones de Venezuela (FIV), firmaron ayer aquí el presidente José Simón Azcona Hoyo y representantes de aquel gobierno suramericano.

En un acto de desbordante gozo en que esta ciudad fue declarada "La capital política de país", ante la presencia de centenares de estudiantes y de residentes que se congregaron en masa en el "Parque Quezada", el mandatario y varios de sus más cercanos colaboradores rubricaron el compromiso que será ejecutado en dos etapas que serán concluidas a finales de este año, según el convenio.

El sistema de interconexión tendrá una longitud de más de 300 kilómetros, beneficiándose en la primera etapa las comunidades de El Progreso, Morazán, Yoro, Punta Ocote, La Habana, El Negrito, Cuyamapa, Chancaya, Yorito, La Guata, Punta Grande Subirana y Jocón.

En la segunda etapa del programa de electrificación serán cubiertas Yorito, Sulaco, Marale, Victoria, San José del Potrero, Minas de Oro, Esquías y San Luis, para completar entre ambas etapas una extensión de más de 300 kilómetros de interconexión eléctrica desde El Cajón, según la Empresa Nacional de Energía Eléctrica (ENEE).

Según el convenio, la obra será realizada por el Consorcio Venezolano "Sveca-Sade-V inccler". El contrato fue firmado entre el presidente Azcona Hoyo, el gerente de la ENEE, Jack Arévalo Fuentes; el gobernador político de Yoro, Marco Antonio Cruz; el embajador de Venezuela en Honduras; el representante del FIV, Héctor Hurtado y el comisionado del citado consorcio, Leo Luca Casini. También firmó el ministro Juan Fernández López Leiva, como presidente de la junta directiva de la ENEE.

En presencia de los alcaldes de los municipios beneficiarios del proyecto en cuestión, de representantes de organismos financieros internacionales, el presidente Azcona Hoyo, refiriéndose al proyecto, dijo que "este es de los pocos ofrecimientos que hice en mi campaña política, porque me propuse hacer ofrecimientos que podría cumplir".

Seguidamente, el mandatario instruyó a Arévalo Fuentes para que la ciudad de Yoro goce, desde ese momento, de un servicio de energía eléctrica durante las 24 horas diarias, en respuesta a un reclamo de que esa ciudad únicamente tenía energía por 18 horas al día.

"No vamos a desmayar en el progreso nacional, a pesar de esas críticas malintencionadas de que hemos sido víctimas a pesar de nuestras dificultades políticas", enfatizó, tras agregar que Honduras está cumpliendo cabalmente con el compromiso de su deuda externa. "A pesar de que mucha de esa deuda externa no fue suficientemente bien invertida en beneficio del pueblo hondureño".

Constantemente interrumpido por una cadena de sonoros aplausos, el mandatario nacional, respondiendo a otro reclamo de los yoreños, prometió allí que durante su mandato será construido e inaugurado un complejo estructural para instalar el Instituto Santa Cruz de Yoro.

También dijo que en el mes venidero de julio distribuirá más de cinco millones de lempiras a los municipios del país. "Sabemos que a varios municipios de Yoro, que tienen una población bastante alta, les va a tocar cantidades sustanciales para realizar obras de beneficio en sus pueblos".

Sin embargo, Azcona Hoyo dijo que el gobierno por sí solo no puede resolver todos los problemas de las comunidades, tras demandar apoyo de las autoridades respectivas y de los moradores de los municipios beneficiarios.

La Prensa/18 de mayo de 1987

TODO UN ÉXITO PRIMERA NOCHE DE GALA PRESIDENCIAL

Como un reconocimiento del apoyo cultural que el presidente de Honduras ingeniero José Azcona Hoyo, ha brindado a la cultura nacional, la Escuela Nacional de Bellas Artes que comanda el artista Dino Fanconi llevó a cabo el viernes en horas de la noche un elegante acto en el Teatro Nacional Manuel Bonilla, el cual fue denominado "Noche de Gala Presidencial". Azcona Hoyo presidió los actos y fue partícipe del programa que se desarrolló, en el que actuaron entre otros el pianista Ramón Velásquez, el guitarrista José León Valladares, el conjunto de Cámara de la Escuela "Francisco R. Díaz" de SECTUR, la Banda Juvenil de la Escuela de Arte Musical "Francisco R. Díaz Zelaya", el compositor Belisario Romero, la actriz Lucy Ondina.

Uno de los puntos fue la entrega al ingeniero Azcona de un presente consistente en una escultura elaborada por manos hondureñas en el seno de la Escuela Nacional de Bellas Artes.

Este acontecimiento que contó con la presencia de muchas personalidades e invitados especiales, revierte carácter de mucha importancia ya que es un reencuentro del arte nacional con el primer mandatario, y por ende una comunicación más estrecha y la urgente ayuda que necesitan nuestros artistas para poder desarrollar sus creatividades en el campo de la pintura, la música, la escultura y otros que han estado pasivos debido a la falta de este apoyo que el ingeniero Azcona prometió durante sus palabras en el discurso que pronunció.

"Noche de Gala Presidencial", comenzó pasadas las nueve treinta de la noche, pero los resultados fueron favorables ya que hubo oportunidad después de los actos de clausura de entrever algunos detalles que seguramente el presidente Azcona tomará para favorecer la educación artística y el ejercicio de los trabajos plásticos en Honduras.

A su ingreso al Manuel Bonilla, el presidente José Azcona Hoyo en compañía del Director de la Escuela Nacional de Bellas Artes Dino Fanconi. FOTOS LITO HERRERA.

Dino Fanconi en nombre de los artistas nacionales, hizo entrega al primer mandatario de un obsequio consistente en una escultura elaborada en la institución que rectora Fanconi.

Así lució el salón principal del Teatro Nacional la noche del viernes.

El Heraldo/18 de mayo de 1987

NUNCA HA HABIDO MENOS CONDICIONES PARA UN GOLPE DE ESTADO: AZCONA

YORO, YORO. -El Presidente constitucional José Simón Azcona Hoyo, en improvisada conferencia de prensa, aseguró ayer aquí que no es cierto que en su gobierno existan condiciones para un golpe de Estado, tras aclarar que la situación política-ideológica en Nicaragua exige que en Centro América se instalen gobiernos democráticos.

"Yo creo que nunca ha habido menos condiciones para un golpe de Estado en Honduras, en este momento hay un gobierno respetuoso de los derechos ciudadanos, un gobierno moral, lo decimos con toda franqueza y con todo orgullo. Ningún miembro alto del gobierno está involucrado en un tan solo escándalo", subrayó el mandatario.

También dijo que el pueblo hondureño está bien sabido que su gobierno está preocupado por sus necesidades. "La situación en Centroamérica obliga a que haya gobiernos democráticos, para que la extrema izquierda no tenga argumentos, no tenga apoyo en situaciones de facto para subvertir el orden".

Recalcó Azcona Hoyo que no es cierto que en Honduras existan condiciones para un golpe de estado, respondiendo a una interrogante sobre un comentario realizado recientemente por su persona, "lo que yo quise decir y lo que vuelvo a repetir, es que a mí no me van a asustar esas cosas que hablan de que si no hace tal cosa ya habrá un golpe de Estado".

Seguidamente indicó que las Fuerzas Armadas de Honduras ya han manifestado claramente su posición, "no están interesadas en un golpe de Estado, las Fuerzas Armadas están interesadas únicamente en su profesionalización, por el orden, por la paz. Lo que quise decir es que la gente que habla eso no me iba a asustar con ese tipo de tonterías".

También aclaró que su apreciación no significa que no le interesen los problemas de los hondureños, la estabilidad democrática de la nación. "Todo lo contrario, yo me esfuerzo precisamente por eso. Por eso es que este gobierno no ha afectado a ningún sector, ni siquiera a la oposición, el Partido Nacional no puede reclamar que el Partido Liberal lo está afectando desde el gobierno, por intereses políticos. Entonces no hay una razón para temer un golpe de Estado".

Respecto del reclamo de los vecinos de El Mochito que piden que esa comunidad sea declarada otro municipio de Santa Bárbara, el presidente dijo que estudian esa posibilidad y que siga funcionando el mineral de El Mochito. "No escatimaremos esfuerzos para que eso así sea".

Sobre la petición de la Comisión de los Derechos Humanos del Colegio de Abogados de Honduras, que demandó de las Fuerzas Amadas mayor respeto a los derechos constitucionales de los hondureños, el mandatario nacional replicó:

"En Honduras se respetan todas las garantías constitucionales, este es un gobierno de los derechos ciudadanos y así seguirá siendo hasta que entreguemos el poder el 27 de enero de 1990".

También rechazó el comentario que el Plan Nacional del Desarrollo fue elaborado en las oficinas de la Agencia Internacional para el Desarrollo (AID), tal como acusará la Asociación Nacional de Campesinos de Honduras (ANACH).

"No es cierto que el Plan de Desarrollo fue elaborado en las oficinas de la AID. Fue realizado inicialmente en las oficinas de Planificación y se discutió luego en CONSUPLANE, donde están representados todos los sectores, quienes hicieron todas las observaciones necesarias", respondió.

Respecto a la amenaza de los campesinos que aseguran una invasión masiva de tierras si el gobierno no les resuelve esa tenencia, Azcona Hoyo dijo que "yo creo que deben respetarse las leyes, nosotros estamos empeñados en ayudar a la reforma agraria", tras asegurar que los créditos de BANADESA están disponibles para quien los necesite.

Estuvo de acuerdo en que hay grupos campesinos que no tienen tierra y prometió buscar las formas de cómo dotarlos, "pero las cosas no deben de ser así en forma violenta, cuando el gobierno está dispuesto a conceder todas las tierras que sean posible afectar".

Dijo que cuando recibió una comisión de la FECORAH y la UNC, no hicieron ningún planteamiento específico sobre tierras, pero la ANACH demandó la necesidad de afectar en noventas días 30 mil hectáreas. "Desde que está el proceso de reforma agraria, en Honduras en ningún año se han afectado 30 mil hectáreas. Nosotros contestamos que íbamos a afectar todas las tierras que pudiéramos afectar y se dio instrucciones para que recorrieran todas las regionales del INA para revisar los expedientes que estaban prontos para ser afectados".

Subrayó que, incluso, su gobierno ha tomado la medida de que después que se declara la afectabilidad de las tierras, están obviando los trámites de remedir y están dando posesión antes de remedir las tierras para disminuir las presiones. "Nunca he ofrecido en mi vida, nada, ni como presidente, ni como candidato, que no esté dispuesto a cumplir o que no haya cumplido".

Respecto de la controversia que ha generado la compra de aviones norteamericanos por Honduras, comentó: "Los aviones formarían parte de la ayuda económica que, en el campo militar nos brinda Estados Unidos y las Fuerzas Armadas de Honduras han fijado esa prioridad y nosotros no tenemos por qué oponernos a esa prioridad de las Fuerzas Armadas".

Sobre la oposición del Congreso norteamericano para que nuestro país obtenga esas modernas armas áreas, el presidente Azcona Hoyo concluyó: "Todos sabemos que en estos momentos en el Congreso Norteamericano se está discutiendo un asunto puramente electoral interno de los Estados Unidos. La situación de Centro América se ha hecho un tema político interno y eso es lo que está afectando, pero creemos que al final el Congreso Norteamericano va a aprobar la venta de esos aviones a Honduras".

Gran multitud de yoreños saludaron y escucharon las palabras del señor presidente y de otros oradores. (Foto de Raúl Morales).

Juan Fernández López Leiva, prometió a los yoreños apertura de vías de comunicación y mantenimiento a las mismas. (Foto de Raúl Morales).

El presidente de la República, ingeniero José Azcona del Hoyo, al momento de dirigirse al pueblo yoreño. (Foto de Raúl Morales).

La Prensa/18 de mayo de 1987

AZCONA CUMPLE PROMESA DE ELECTRIFICAR YORO

El presidente José Azcona Hoyo dio ayer cumplimiento a las promesas que hiciera en su campaña electoral en el departamento de Yoro, al firmar en la ciudad de Yoro el contrato de electrificación de ese sector a un costo de 7.8 millones de lempiras financiados por el Fondo de Inversiones de Venezuela. (Fotocolor de Mazariegos. Separación de Manuel Jiménez).

Tiempo/18 de mayo de 1987

BELLAS ARTES RECONOCE APOYO DEL PRESIDENTE AZCONA HOYO

La Escuela Nacional de Bellas Artes auspició el 15 de mayo una Gran Noche de Gala Presidencial para reconocer la dotación de equipo y material, más la reconstrucción de la sede y construcción de cuatro aulas por parte del gobierno del presidente José Azcona Hoyo, obra ésta que vienen a "interrumpir 46 años de olvido" a la educación artística.

El reconocimiento de la Escuela de Bellas Artes se tradujo en una noche artística-cultural dedicada al presidente Azcona. Tuvo lugar en el Teatro "Manuel Bonilla", en horas de la noche.

Participaron en esta Gran Noche de Gala, después de las palabras del director de la escuela, Dino Fanconi, el guitarrista, José León Valladares, el conjunto de Cámara de SECTUR, Francisco Díaz Zelaya; la banda juvenil de SECTUR, y el pianista Ramón Velásquez, en la primera parte de este evento.

En la segunda parte, cantó Belisario Romero, Federico Ramírez, recitó Lucy Ondina.

Una escultura de Obed Valladares fue dedicada al presidente Azcona y una escultura de Carlos López fue entregada al secretario de Prensa, Lizandro Quezada y al asesor Sigfrido Pineda Green como reconocimiento a la ayuda de ambos en el éxito de las gestiones.

El gabinete de gobierno, miembros del cuerpo diplomático, representantes de la empresa privada e invitados especiales se encontraban entre los presentes en esta Noche de Gala Presidencial.

Pianista Ramón Velásquez.

El presidente de la República José Azcona, asistió a la Gran Noche de Gala Presidencial.

Parte de la asistencia al evento que patrocinó Bellas Artes.

DIARIO TIEMPO/18 DE MAYO DE 1987

COMIENZA ELECTRIFICACIÓN DE YORO

***El presidente Azcona firmó ayer el contrato respectivo

YORO, YORO. - El presidente José Azcona firmó el contrato de electrificación de este departamento a un costo de Lps. 7.8 millones, financiado por el Fondo de Inversiones de Venezuela.

Este proyecto se desarrollará en dos etapas, abarcando en la primera a El Progreso, Morazán, Yoro, Punta Ocote, La Habana, El Negrito, Cuyamapa, Chaucaya, Yorito, La Guata, Puente Grande, Subirana y Jocón.

Los estudios del proyecto de electrificación fueron realizados hace dos meses y dio comienzo el domingo último con la firma del contrato, según lo informó el gerente de la Empresa Nacional de Energía Eléctrica, Jack Arévalo.

La segunda etapa, la que quedará concluida dentro de los próximos 16 meses, abarcará a las comunidades de Yorito, Sulaco, Victoria, San José del Potrero, Mina de Oro, Esquías y San Luis. La red eléctrica tendrá una longitud de 300 kilómetros, dijo Arévalo.

Azcona, que es la primera vez que visita Yoro desde que terminó la campaña electoral que lo llevó al poder, fue calurosamente recibido por los habitantes de la cabecera departamental y gente de los municipios más cercanos como Morazán y El Negrito.

A las 10:00 de la mañana que el mandatario hizo su arribo a la ciudad en un helicóptero de la Fuerza Aérea Hondureña acompañado por el embajador de Venezuela en Honduras, Dionisio Marcano, ya lo estaban esperando varios de los miembros de su gabinete, entre ellos el titular de

Comunicaciones y Obras Públicas, Juan Fernando López, la de Educación Pública, Elisa Valle de Pavetti y Efraín Bú Girón.

En la víspera de la firma del contrato, el secretario privado del presidente Azcona mandó a distribuir entre los alumnos de las escuelas, colegios y resto de la comunidad miles de ejemplares del pabellón nacional para que fueran usadas en el recibimiento del presidente.

A las 9:00 de la mañana del domingo los alumnos de las escuelas y del colegio oficial Santa Cruz de Yoro, fueron ordenados haciendo valla a los extremos de la carretera pavimentada por donde haría su recorrido la comitiva presidencial para hacer su ingreso hasta el centro de la ciudad, donde estaba el palco preparado para los actos oficiales.

A las 10:00 de la mañana que arribó al patio de la escuela "Mercedes Ramírez" el helicóptero del presidente, ya había unas cuatro mil personas esperando al mandatario frente al Palacio Municipal donde destaca la tribuna.

Varias comunidades de los municipios cercanos enviaron sus delegados a presentarle por escrito al presidente Azcona peticiones para que les ayudara a resolver problemas como de agua potable, escuelas y centros de salud. La mayoría de estos delegados no tuvieron acceso al presidente y volvieron a sus comunidades sin haber cumplido el mandado. (DRM).

En el orden acostumbrado el embajador venezolano Marcano, Jack Arévalo, el presidente Azcona Juan F. López, William Hall y Carl Falck.

Miles de yoreños acudieron a escuchar al presidente Azcona

**Un yoreño quita con la punta de su machete los afiches
de Carlos Flores Facuseé, candidato presidencial por
el Partido Liberal.**

Tiempo/18 de mayo de 1987

RODIMIRO: NO VOLVEREMOS A PEDIRLE AYUDA A AZCONA

La solución de los problemas financieros que tiene la Municipalidad del Distrito Central corresponde a todos los capitalinos, pues ya una vez, se solicitó la colaboración del presidente José Azcona y la negó "por lo que no volveremos a pedirla", sostuvo el alcalde Rodimiro Zelaya.

Existe la creencia de que los problemas que se presentan en una municipalidad son competencia exclusiva del alcalde, indicó, pero eso compete a todos los vecinos del municipio, dijo.

Una de las formas como pueden colaborar los ciudadanos, recordó, es a través del pago puntual de sus impuestos y contribuyendo a mantener limpia la ciudad, aun cuando están conscientes de que sólo colectan el 50 por ciento de la basura, contándose dos unidades obsoletas.

Recordó que en el exterior le otorgaron a la Alcaldía un préstamo por 10 millones de dólares, "pero el gobierno central no lo quiso tramitar, por lo que tuvimos que ir a los Estados Unidos, donde conseguimos 14.5 millones de lempiras que es con el que estamos funcionado y ya se abrieron las litaciones para la compra de los carros recolectores".

RODIMIRO ZELAYA

La Tribuna/19 de mayo de 1987

5 MILLONES EN SUBSIDIOS DISTRIBUIRÁN EN JUNIO

El presidente José Azcona confirmó que en junio próximo el gobierno central repartirá casi 5 millones de lempiras en subsidios a todos los municipios del país.

El Congreso Nacional aprobó un total de ocho millones de lempiras para la realización de diferentes proyectos en todos los municipios del país, distribuyéndolos según el número de habitantes.

El mandatario consideró "necesario que el pueblo hondureño entienda que el pueblo por sí solo no puede resolver todos los problemas que hay en las comunidades".

"Vamos a hacer los esfuerzos extraordinarios que estén a nuestro alcance para resolver esos problemas, pero también pedimos a las comunidades, autoridades edilicias, demás autoridades y fuerzas vivas de los pueblos que unan sus esfuerzos para ayudar al gobierno a resolverlos", expresó.

El presidente demandó finalmente de las comunidades dejar a un lado los problemas entre vecinos, unificando los esfuerzos de todos para lograr un mejor nivel de bienestar colectivo.

Los restantes tres millones de lempiras serán entregados posteriormente.

La Tribuna/19 de mayo de 1987

PUGNA ENTRE GERENTE Y SUBGERENTE DE CATASTRO

Contribuyentes capitalinos expresan malestar por "el desorden existente en las oficinas de Catastro Municipal, que ha vuelto engorrosos los trámites para el pago de impuestos" situación ocasionada por una controversia entre el gerente y el subgerente de la institución.

En la oficina laboran 65 empleados, la mayoría técnicos en valuación de viviendas, que debido a los problemas internos del departamento han optado porque se les traslade o se les cancelen sus prestaciones.

Una fuente de Catastro explicó que el problema persiste desde que el gerente Edgardo Rivera Cáceres marginó casi en su totalidad al sub-gerente, José Rafael Ordoñez, nombrándole a un jefe y sub-jefe de sección con más facultades y mejores sueldos que su segundo.

Además, Rivera Cáceres le envió una nota pidiéndole que elaborara una lista de 15 empleados del departamento para reemplazarlos, a lo cual se opuso Ordoñez.

Consultado al respecto el subgerente confirmó que el jefe y el subjefe recién nombrados ganan tres mil y 1.600 lempiras mensuales, mientras que él sólo recibe 1.500 lempiras.

Además de las dos personas mencionadas, señaló, el gerente nombró a un supervisor de supervisores, puesto que no es necesario y ese dinero más bien debería ser para incrementar salarios.

Reconoció que su marginamiento se debe a que se opone a los despidos, especialmente contra aquellos empleados que son de filiación nacionalista, aunque aclaró que no es azul, "pero no consideró justo que destituyan a un empleado que sabe hacer su trabajo sólo porque en su lugar van a colocar a una persona que apenas sabe escribir".

La Tribuna/19 de mayo de 1987

AZCONA INAUGURARÁ MAÑANA UN HOSPITAL EN COMAYAGUA

TEGUCIGALPA. - El Presidente de la República, José Azcona, inaugurará este miércoles el nuevo hospital regional de Comayagua, valorado en 6 millones de lempiras, con el cual se beneficiarán más de 400 mil hondureños.

Dicho proyecto fue financiado con fondos provenientes de un préstamo del Banco Interamericano de Desarrollo (BID), más una contraparte del gobierno hondureño

Este moderno centro hospitalario tendrá una capacidad de 110 camas, además de contar con moderno equipo médico quirúrgico que permitirá prestar los servicios de pediatría, ginecobstetricia, medicina general, interna, cirugía, cuidados intensivos y emergencias.

Con la construcción del nuevo hospital Comayagua, las autoridades de Salud Pública esperan atender la mayor parte de la población de la zona central del país y de esta forma impulsar los servicios sanitarios a la mayor parte de los hondureños.

La Prensa/19 de mayo de 1987

[Ministro de Hacienda]

OBLIGACIÓN DE TRÁNSITO CAPTURAR FUNCIONARIOS ABUSIVOS CON CARROS

El Ministro de Hacienda, Efraín Bu Girón, reconoció ayer que algunos empleados públicos abusan con los carros del Estado, pero señaló que compete a las autoridades de Tránsito evitar que los vehículos oficiales sean utilizados para fines particulares.

Recordó que en el gobierno anterior se emitió un decreto prohibiendo el uso de los vehículos nacionales en labores que no sean oficiales, "pero eso de evitar que los carros anden libremente por las carreteras es cuestión de policías".

Indicó que los motoristas de aquellos carros nacionales que tienen que circular los días feriados, fines de semana o en horas inhábiles por razones de trabajo, están en la obligación de mostrar a la policía un permiso por parte de los respectivos jefes de transporte, "caso contrario deben ser detenidos y sancionados".

EFRAIN BU GIRON

Bu Girón dijo que hay empleados públicos que llegan al colmo de sustituir las placas nacionales por particulares para utilizar los vehículos del Estado en días y horas no laborables, "pero esos abusos se tienen que parar de inmediato".

Agregó que lo más censurable es que se utilizan los carros del gobierno para campaña política. Sin embargo, aseguró que hasta la fecha no tiene denuncias de que los carros nacionales estén siendo usados en actividades políticas "como se hizo en el gobierno pasado, cuando las franjas azul y blanco que se le pintaron a los carros era tapada por la bandera del Partido Liberal".

El titular de Hacienda dijo no precisar la cantidad de dinero que actualmente gasta el Estado por concepto del combustible que consumen los carros nacionales, pero aseguró que "en el actual gobierno se ha gastado un 50 por ciento en relación a los años anteriores".

Asimismo, anunció que la Dirección General de Tributación está revisando el uso de las placas MI (Misión Internacional) para evitar que funcionarios públicos abusen de los carros nacionales bajo este tipo de placas.

La Tribuna/19 de mayo de 1987

AZCONA Y OPOSITORES ANALIZAN SITUACIÓN INTERNA DE NICARAGUA

El presidente José Azcona se encuentra muy interesado en la política nicaragüense, indicaron ayer dirigentes del Partido Liberal Constitucional de Nicaragua que se reunieron con el gobernante.

José Ernesto Somarriba, asesor del citado partido de oposición al régimen sandinista, dijo que los miembros de esa agrupación política son las personas que "han sido más perseguidas y confiscadas por el actual gobierno".

Sin embargo, aclaró que ellos están realizando una lucha cívica dentro de Nicaragua, pero que simpatizan con las políticas del gobierno de Estados Unidos hacia su país.

Líderes políticos anti-sandinistas durante su reunión con el presidente José Azcona, con quien analizaron la situación interna que vive Nicaragua.

Somarriba expresó que apoyan a los insurgentes "porque nosotros vemos en la contra un grupo armado de nicaragüenses que desean libertad de su país. No estamos en contra de la contra, ni en contra de nadie que quiere la libertad de Nicaragua".

El dirigente político se quejó por el actual orden de cosas imperante en Nicaragua y recordó que la nueva Constitución promulgada el pasado 9 de enero apenas tuvo en vigencia las libertades y derechos que contempla, por espacio de dos horas.

"Las libertades que garantiza la Constitución entraron en vigencia a las 4:00 de la tarde y dos horas después habían sido suspendidas por el gobierno sandinista. No nos dejaron ni respirar", comentó.

La Tribuna/19 de mayo de 1987

CAMPESINOS CARGAN OTRA VEZ CONTRA MARIO ESPINAL

La destitución inmediata del director ejecutivo del Instituto Nacional Agrario (INA), Mario Espinal, solicitaron ayer al presidente José Azcona todas las organizaciones campesinas.

El mandatario se reunió con una comisión de representantes de todas las asociaciones campesinas para analizar la problemática agraria.

Durante la reunión los dirigentes campesinos le informaron al gobernante que en los próximos días los labriegos realizarán tomas de tierra si no se adoptan medidas para agilizar el proceso de reforma agraria.

"Vamos a las acciones en vista de que el actual director del INA continúa obstaculizando la reforma agraria", dijo el presidente de la Federación de Cooperativas para la Reforma Agraria de Honduras (FECORAH), Nelly Ramírez.

El dirigente campesino indicó que se le pidió expresamente al presidente Azcona la destitución del director del INA como primer paso para agilizar la reforma agraria.

"El mandatario nos respondió que llamará al director del INA y que considerará la posición del movimiento campesino y que tomará una decisión justa", señaló.

Ramírez destacó que en esta oportunidad todas las organizaciones campesinas, incluyendo la ANACH, piden la destitución de Espinal, "porque ese señor ha sido negativo al frente del INA".

Apuntó que Espinal ha traicionado la confianza que en él había depositado el presidente de la República como uno de sus hombres de confianza para que dirigiera la institución agraria.

Aclaró que el movimiento no le está proponiendo ningún candidato al gobernante para sustituir a Espinal.

"El presidente Azcona está en la libertad de nombrar a quien quiera porque así se lo concede la Constitución", subrayó.

La comisión del movimiento campesino integrada por representantes de todas las organizaciones de labriegos durante su reunión con el presidente José Azcona, a quien solicitaron la destitución del director del INA, Mario Espinal. *(Foto Aquiles Andino).*

La Tribuna/19 de mayo de 1987

ESTE DÍA RESPONDE AZCONA A EXIGENCIA DE LABRIEGOS

TEGUCIGALPA. Una comisión de las diferentes organizaciones campesinas informó ayer al presidente José Azcona Hoyo que el movimiento campesino ha fijado como plazo hasta el 25 del presente mes para que proceda a la destitución del director ejecutivo del Instituto Nacional Agrario (INA), Mario Espinal Zelaya, y ordene la entrega masiva de tierras a los campesinos.

El secretario general de la Central Nacional de Trabajadores del Campo (CNTC) Luciano Barrera, dijo que la comisión expuso al presidente Azcona que las organizaciones están listas para proceder a la ocupación de tierras a nivel nacional en forma masiva, en caso de que no dé una respuesta inmediata a las demandas planteadas.

El mandatario dijo, según Barrera, que analizará las exigencias de los campesinos y que hoy dará su respuesta sobre las mismas.

Por su parte, el presidente de la Asociación Nacional de Campesinos de Honduras (ANACH), Luis Lagos, manifestó que al presidente Azcona "le señalamos un montón de errores que está cometiendo el Instituto Nacional Agrario en la ejecución del proceso de reforma agraria, y él se mostró preocupado y dijo que iba a considerar si se separa o no a Mario Espinal de esa institución".

"Nosotros no nos vamos a detener en las acciones que tenemos listas ejecutar, pero dependerá de la voluntad que él tenga en arreglar el problema para que esto no se lleve a cabo. Él nos pidió que le hiciéramos una espera para poder resolver esos problemas", agregó Lagos.

En tanto, el presidente de la Federación de Cooperativas de la Reforma Agraria de Honduras (FECORAH), Nelly Ramírez Cruz, es del criterio que Mario Espinal debería poner su renuncia como director del INA antes de que el Presidente Azcona se vea en la obligación de destituirlo.

Nelly Ramírez señaló que Espinal ha continuado con las represalias contra la dirigencia de las organizaciones campesinas y "eso ha repercutido negativamente en las bases, y ahora ya no es la dirigencia sino las bases que piden la destitución del actual director del INA"

El Presidente Azcona, según el dirigente de la FECORAH, ha querido mantener a Mario Espinal, como director del INA porque es un hombre de confianza de él, "pero no previó los problemas que este hombre le ha causado a su gobierno".

Indicó que Espinal no le ha respondido en sus funciones a Azcona "porque lo primero que hubiera hecho era tratar de consolidar las relaciones con las organizaciones campesinas y ser consecuentes con las demandas de tierras".

Las organizaciones campesinas exigen al gobierno la entrega de unas 100 mil hectáreas de tierra, y en caso de que el gobierno no acceda a esa demanda, están dispuestos a recuperarlas a partir del 25 de este mes, situación que ha sido planteada también al jefe de las Fuerzas Armadas, general Humberto Regalado Hernández.

Ramírez Cruz dijo que el General Regalado recomendó a los dirigentes campesinos que agotaran el diálogo antes de proceder a ejecutar las recuperaciones masivas de tierra. (TDG).

Tiempo / 19 de mayo de 1987

EN REUNIÓN CON EL PRESIDENTE: CAMPESINOS REITERARON AMENAZA DE TOMAS MASIVAS DE TIERRAS

TEGUCIGALPA. - Los dirigentes campesinos anunciaron oficialmente ayer al presidente José Azcona que a partir del 25 de mayo todas las organizaciones agrarias procederán a realizar tomas masivas de tierras, a menos que a última hora el gobernante entregue las 30 mil manzanas que les prometió hace tres meses.

Una comisión integrada por representantes de la Asociación Nacional de Campesinos de Honduras (ANACH), Federación de Cooperativas de la Reforma Agraria de Honduras (FECORAH), Asociación Campesina Nacional (ACAN), Central Nacional de Trabajadoras del Campo (CNTC), y de la Federación de Mujeres Campesinas de Honduras, se reunieron con el mandatario informándole sobre las acciones que han determinado tomar.

En esta reunión no se llegó a ningún acuerdo concreto, pero el presidente de la República reiteró a los dirigentes campesinos que el Instituto Nacional Agrario está trabajando en la adjudicación de tierras que sólo es esperar un poco para cumplir con los compromisos.

Nelly Ramírez, de FECORAH dijo que reafirmaron a Azcona Hoyo la necesidad de que destituya a los máximos conductores del INA, como primer paso, para posteriormente negociar con el nuevo director de asuntos de la adjudicación de tierras, congelamiento de intereses y la readecuación de las deudas.

"El presidente nos prometió hablar con Mario Espinal y creo que ha tomado una decisión justa", expresó el dirigente refiriéndose a la adjudicación de tierras, no así a la destitución del funcionario.

Dijo Ramírez que el director del INA, para evitarle problemas al presidente debiera haber renunciado desde el momento en que se suscitaron los primeros problemas, especialmente cuando se pidió su separación.

Tanto el Presidente de la República, como los funcionarios ligados a las actividades agrarias, han reiterado que no hay tal compromiso de entregar 30 mil manzanas de tierras, sino que lo que sucedió en la reunión de febrero fue un acuerdo de revisar los expedientes contentivos de solicitudes en el INA mediante comisiones mixtas.

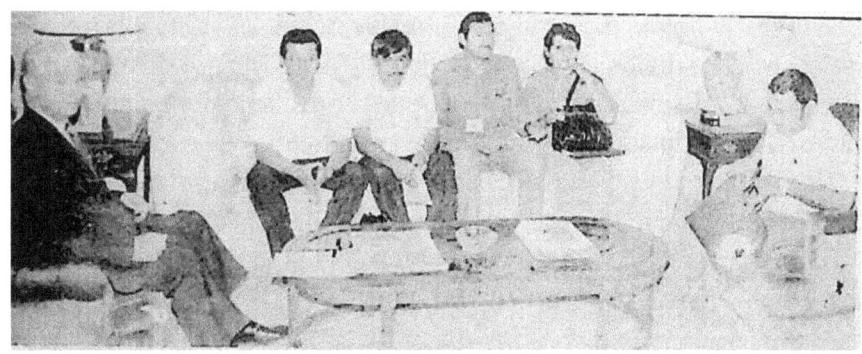

Dirigentes campesinos captados al momento en que dialogaban con el presidente Azcona en un afán por solucionar los problemas del agro. *(Foto Aulberto Salinas).*

La Prensa / 19 de mayo de 1987

AZCONA RESPONDERÁ HOY A CAMPESINOS SI DESPIDE A MARIO ESPINAL DEL INA

La suerte del director ejecutivo del Instituto Nacional Agrario INA, Mario Espinal, se decidirá hoy cuando el presidente José Azcona Hoyo se reúna con la dirigencia campesina que ha venido pidiendo su separación bajo la amenaza de medidas de presión.

Los representantes campesinos se reunieron ayer con el titular del Ejecutivo para comunicarle que no están dispuestos a esperar más en lo que respecta a la separación de Espinal a quien responsabilizan del estancamiento en que ha caído la reforma agraria.

Igualmente, hoy recibirán una respuesta sobre su petición para que sean afectadas 90 mil manzanas de tierra las que necesitan con urgencia para proceder a la siembra de granos básicos.

El presidente José Azcona Hoyo considera posible la separación del director del INA, Mario Espinal, y hoy dará una respuesta sobre el particular a los dirigentes campesinos que le visitaron ayer en su despacho. *(Foto Secretaría de Prensa).*

"En la reunión de hoy le planteamos al presidente un montón de errores que está cometiendo el INA a nivel central y regional y, ante la denuncia, mostró gran preocupación y dijo que iba a considerar si separa a Espinal del cargo", reveló el presidente de la ANACH, Luis Lagos.

Añadió que la dirigencia campesina tiene planificadas una serie de acciones que ejecutarán en breve si sus peticiones no son satisfechas, entre las cuales se incluye la toma masiva de tierras y otras medidas que no reveló por cuestión de estrategia.

"Todo dependerá de la voluntad que el presidente tenga para que no se lleve a cabo la serie de medidas que tenemos previstas", concluyó Lagos.

El Heraldo/19 de mayo de 1987

[Presidente del AGAS]

TIERRAS NACIONALES DEBE DAR AZCONA A CAMPESINOS

SAN PEDRO SULA. El presidente de la Asociación de Ganaderos y Agricultores de Sula (AGAS), Miguel Ángel Pineda, comentó que las exigencias de los campesinos tienen que ser resueltas por el presidente de la República, no a costa de los ganaderos y agricultores "como siempre se ha hecho".

Tal aseveración la expresó Pineda tras el anuncio de dirigentes campesinos de que en las próximas fechas recuperarán unas 100 mil manzanas de tierra para poder sobrevivir.

"La verdad es que existen muchas buenas tierras allá en la Mosquitia y en otros lugares, la cuales pertenecen al Estado. Esperamos que no seamos nosotros los agricultores los que paguemos las consecuencias de esas amenazas", refirió el ganadero.

Indicó que "no le parece justa la posición de los campesinos ya que en muchos grupos existe la deserción y las tierras que les han sido otorgadas las tienen ociosas. Hasta el INA sabe que nosotros los ganaderos en muchas ocasiones les hemos pedido en alquiler las tierras que los campesinos poseen, para usarlas para pastorear nuestros animales, así que no pueden quejarse porque no poseen tierras, pues realmente las tienen", subrayó.

Dijo que ante la amenaza hecha por los campesinos solamente el ingeniero José Azcona, como presidente de la República y director de la Reforma Agraria, es quien le pondrá solución a esos planteamientos.

"No es el director ejecutivo del INA, Mario Espinal, quien va a resolver ese problema que se avecina, es el presidente Azcona. Espinal sólo ejecuta las órdenes del presidente, como lo indica el título de su cargo", añadió.

El Heraldo/19 de mayo de 1987

LIBERALES DE NICARAGUA DIALOGAN CON AZCONA HOYO

Una delegación del Partido Liberal Constitucionalista de Nicaragua se entrevistó ayer con el mandatario hondureño José Azcona Hoyo, y en sus declaraciones brindadas a la prensa aseguraron no saber si los contras han estado en Honduras.

José Ernesto Somarriba, asesor del Partido Liberal Constitucionalista, dijo que su visita al presidente José Azcona Hoyo fue para expresarle su simpatía por su forma de pensamiento y la manera en que conduce el país.

La delegación está compuesta por tres personas, las otras dos no se identificaron, aunque se pronunciaron por una solución política en Nicaragua y contrarios a la lucha armada.

Los nicaragüenses que no simpatizan con los comandantes sandinistas se reunieron con Azcona Hoyo por más de una hora.

A pesar de no saber si los rebeldes han estado operando en territorio hondureño, José Ernesto Somarriba manifestó que ellos "ven en la contra un grupo armado que lucha por la liberación del pueblo nicaragüense".

"Somos simpatizantes con la política que sigue la administración Reagan al decidir dar su apoyo al pueblo nicaragüense", enfatizó Somarriba.

El Partido Liberal Constitucionalista obtuvo en las elecciones anteriores más de 700 mil votos, por lo que ocupa un segundo lugar, razón por la cual es perseguido y coaccionado por el régimen sandinista, según se dijo.

Al referirse al Plan Arias el asesor de PLC de Nicaragua expresó que ellos esperan buenos resultados del mismo, pero recomendó que lo mejor era esperar los logros de la cita cumbre en Esquipulas, Guatemala.

La delegación nicaragüense ingresa a la casa de Gobierno acompañada por el secretario privado del Presidente, William Hall Rivera.

El Heraldo/19 de mayo de 1987

AZCONA RECIBE A DIRIGENTES DE PARTIDO LIBERAL "NICA"

TEGUCIGALPA-- El presidente José Azcona Hoyo recibió ayer en su despacho a dirigentes del Partido Liberal Constitucionalista de Nicaragua, que son partidarios de los contras y de la política de la administración Reagan hacia Nicaragua.

El asesor de dicho partido nicaragüense, José Ernesto Somarriba, expresó que el presidente Azcona está "muy interesado" en la situación política de Nicaragua, y ha manifestado su amistad hacia el Partido Liberal Constitucionalista.

"Nosotros somos un partido cívico que queremos soluciones cívicas", dijo Somarriba, sin embargo, agregó que "nosotros no estamos en contra de la contra, ni en contra de nadie que quiere la libertad en Nicaragua. Nosotros vemos en la contra un grupo armado de nicaragüenses que desean la libertad en su país".

Asimismo, señaló que el Partido Liberal Constitucionalista es "simpatizante de la política de la administración Reagan hacia Nicaragua, pero se abstuvo de revelar si es también partidario de una invasión a Nicaragua por parte de los Estados Unidos, "no sabría qué contestar a ese respecto, porque nuestras actividades son estrictamente cívicas", expresó.

Preguntado por qué si el pueblo nicaragüense tiene las armas en sus manos no derriba al gobierno sandinista, Somarriba manifestó que "eso es lo que dicen, si tuvieran las armas en sus manos sería diferente".

Indicó que el Partido Liberal Constitucionalista es uno de los dos grandes partidos tradicionales de Nicaragua y que en las últimas elecciones sacó 700 mil votos, y ha sido "el partido más confiscado y perseguido por el gobierno sandinista".

Dijo que las libertades de derechos que contempla la nueva Constitución de Nicaragua fueron suspendidas el 9 de enero a las 6 de la tarde, dos horas después de haber sido promulgada, por lo que "no tuvimos tiempo ni de respirar", añadió. (TDG)

PRESIDENTE INAUGURARÁ HOSPITAL DE COMAYAGUA

El presidente de la República José Azcona, inaugurará este miércoles el nuevo Hospital Regional de Comayagua, valorado en seis millones de lempiras, con el cual se beneficiarán más de 400 mil hondureños.

Dicho proyecto fue financiado con fondos provenientes de un préstamo del Banco Interamericano de Desarrollo (BID) más una contraparte del gobierno hondureño.

Este moderno centro hospitalario tendrá una capacidad de 110 camas, además de contar con moderno equipo médico quirúrgico que permitirá prestar los servicios de pediatría, ginecobstetricia, medicina general, interna, cirugía, ortopedia, cuidados intensivos y emergencia.

Con la construcción del nuevo hospital de Comayagua, las autoridades de Salud Pública esperan atender la mayor parte de la población de la zona central del país y de esta forma impulsar los servicios sanitarios a la mayor parte de los hondureños.

Tiempo/19 de mayo de 1987

NO A LA COACCIÓN

Está pendiente de hacerse el inventario de todos los perjuicios que el populismo castrense de la década de los setenta nos heredó. Se trata de una colección poco menos que interminable de tendencias nocivas, instituciones antieconómicas y corruptas, prácticas viciosas de toda especie, demagogia, chantaje social y, en fin, poco menos que las siete plagas de Egipto en el campo político-social.

Una de esas herencias es, incuestionablemente, la corrosiva costumbre de amenazar, chantajear y -eventualmente- apelar a la fuerza para obtener un propósito determinado, en nombre de un gremio, asociación o sindicato.

La expresión "llegaremos hasta las últimas consecuencias", y otras parecidas, tales como "aquí rodarán cabezas", "ya no aguantamos la presión de las bases", etc., han llegado a formar parte del léxico corriente de nuestro medio social.

Cuando algunos núcleos magisteriales, obreros, campesinos, médicos, etc., quieren algo (sea un Estatuto profesional o sencillamente un aumento), aún antes de solicitar en forma ordenada y respetuosa, y en la mayoría de los casos sin recurrir a instancias legales o al diálogo que caracteriza a las personas civilizadas, se pone "la carreta delante de los bueyes", esto es, se apela a la presión, el desorden y la anarquía, para imponer un punto de vista aun cuando éste vaya a contrapelo del interés general de los hondureños.

En las últimas fechas el nuevo chantaje social tiene que ver con la adjudicación de tierras para la benemérita reforma agraria. Los grupos campesinos han anunciado que si el 25 de este mes no se les entrega cerca de 100.000 hectáreas se tomarán los edificios del Instituto Nacional Agrario (INA) en todo el país, invadirán las fincas de propiedad privada que se hallan en plena producción y forzarán una situación que se sabe cómo comienza pero que nadie puede prever hasta donde llegará.

El Presidente de la República ya ha explicado que a comienzos de año se realizaron algunos tanteos para ver qué capacidad de dotación de tierra tenía el gobierno, para proceder - más o menos por estas fechas - a adjudicar unas 30.000 hectáreas.

(De paso es útil recordar que, desde sus inicios, la reforma agraria ha entregado cientos de miles de manzanas de tierra, la inmensa mayoría de las cuales se encuentra inculta, ya que muchos de los "defensores" de los campesinos son, lisa y llanamente, invasores profesionales que obtienen predios en un determinado sitio, lo venden y luego se desplazan a otro punto del país a repetir sus aventuras disociadoras y de despojo).

Pese a que el Jefe de Estado ya ha precisado cuál es el ánimo del sector público, y reiterado que pondrá toda su buena voluntad dentro de los parámetros del realismo, la amenaza y la coacción siguen en vigencia, y se ha llegado a la inexplicable actitud de buscar auxilio en los cuarteles, intentando involucrar a las Fuerzas Armadas en un asunto que es -por definición- competencia exclusiva del poder ejecutivo.

Creemos que las autoridades están llamadas, por ley y sensatez, a no permitir que la política de la amenaza, la presión y el chantaje les hagan caer en claudicaciones irracionales que de ninguna manera resolverán el auténtico problema de Honduras: el de la producción escasa y la nula productividad de sus distintos grupos de actividad económica.

Primero: la dotación de tierras por sí sola no resuelve el problema del déficit agrícola de un país. Segundo: si las acciones relativas a la tenencia de un bien tan relevante como es la tierra se adoptan por efecto de la coacción, se minará irreparablemente la confianza y será muy, pero muy difícil, conseguir que alguien invierta en actividades agropecuarias.

En suma, se requiere el respeto a la ley; al principio de propiedad privada y la vigencia de las soluciones pacíficas por encima de las imposiciones del tumulto. Sólo la seguridad jurídica propicia el desarrollo de los países. Si permitimos que la anarquía norme nuestras relaciones económicas, y que "el que tiene más galillo trague más pinol", a este país -gústenos o no-, se lo llevará el diablo…

La Prensa/20 de mayo de1987

[Aunque Azcona negó asistencia]

POR PRIMERA VEZ SE REUNIRÁN PRESIDENTES DEL ISTMO EN EUA

NUEVA ORLEANS. – Cinco presidentes centroamericanos se reunirán por primera vez en los Estados Unidos en una conferencia de cuatro días, a celebrarse en Nueva Orleans, del 17 al 20 de junio.

"América Central: Un nuevo acercamiento" reunirá a los presidentes Oscar Arias de Costa Rica, José Napoleón Duarte de El Salvador, Vinicio Cerezo de Guatemala, José Azcona de Honduras y Daniel Ortega de Nicaragua.

Los presidentes darán charlas separadas y luego se presentarán juntos en un foro en el recinto de la Universidad de Tulane.

La conferencia, que estará abierta al público inscrito, es auspiciada por la Universidad de Tulane, la Ciudad de Nueva Orleans y el Consejo de Asesoramiento Internacional del alcalde Sidney J. Barthelemy.

Los aspectos más relevantes del programa, que fue planeado por los representantes de los cinco gobiernos participantes y el comité organizador de la conferencia, se anunciaron a principios de abril.

Entre éstos se destacan las sesiones sobre el reportaje de los problemas centroamericanos en la prensa, los problemas urbanos, las estrategias comerciales y el futuro del Mercado Común Centroamericano.

Se espera que asistan cientos de personas de Centroamérica y Estados Unidos a la conferencia, que estará abierta a todos los que paguen la inscripción. Las sesiones tendrán lugar en el Hotel Westin, el World Trade Center y la Universidad de Tulane.

Después de la inscripción, el miércoles 17 de junio, por la mañana, en el Hotel Westin, el alcalde Barthelemy y el presidente de la Universidad de Tulane, Eamon Kelly, darán la bienvenida a los participantes en un almuerzo.

Esa tarde habrá sesiones consecutivas sobre el comercio y las oportunidades de inversión que enfocarán el Mercado Común Centroamericano y la Iniciativa para la Cuenca del Caribe. Se espera la participación de los secretarios de estado y ministros de comercio de los países centroamericanos.

El jueves 18 de junio, la sesión de la mañana, en el Hotel Westin, enfocará "La perspectiva del sector privado sobre el comercio y la inversión", la cual será seguida por una discusión sobre los problemas urbanos en la que participarán Barthelemy y los alcaldes de las ciudades capitales de las cinco naciones centroamericanas.

Por la tarde, el presidente Arias de Costa Rica hablará en una sesión, a celebrarse en el Hotel Westin. De ahí la conferencia pasará al recinto de la Universidad de Tulane, donde hablará el presidente Duarte de El Salvador.

Las actividades de la mañana del viernes se iniciarán con una sesión sobre "El reportaje de los problemas centroamericanos en la prensa" en la cual participarán reporteros centroamericanos y estadounidenses que informan sobre estas naciones. El presidente Cerezo hablará en la segunda sesión de la mañana. Por la tarde hablarán en charlas separadas consecutivas los presidentes Azcona y Ortega.

Todas las actividades diurnas del viernes tendrán lugar en la Universidad de Tulane.

Para la noche del viernes la comunidad hispana local ha planeado recepciones nacionales para las delegaciones de cada país y un baile de gala en honor de los cinco presidentes.

Un "Simposio de los Presidentes", con la participación de los cinco presidentes y un moderador, estilo mesa redonda, está programado para el sábado por la mañana en la Universidad de Tulane.

De acuerdo con Barthelemy, la conferencia puede sentar las bases para nuevas visiones de América Central y cambios significativos en su estabilidad política y prosperidad económica.

Esta conferencia nos ofrece la oportunidad de establecer y dar a conocer a nivel mundial -y más específicamente de la opinión pública norteamericana- un nuevo acercamiento, formulado por los centroamericanos a través de sus líderes", expresó el alcalde.

Kelly agregó: "En los últimos años, un nuevo liderato ejecutivo ha asumido el poder en América Central. Estos nuevos líderes no son conocidos bien por la opinión norteamericana e internacional. Sus ideas, preocupaciones y soluciones a la crisis en América Central no han sido presentadas adecuadamente ante la opinión mundial".

La delegación de cada país incluirá miembros destacados del mundo de los negocios, afirmó Kelly, los cuales traerán probablemente planes específicos para inversiones y empresas comerciales conjuntas.

El costo de la inscripción es $420 hasta el 15 de mayo y $450 de ahí en adelante.

Para más información y para recibir un sobre de inscripción, escriba a la oficina encargada de la conferencia al 612 Gravier Street, Second Floor, New Orleans, La 70130, o llame al (504) 522-6114.

El Heraldo/20 de mayo de 1987

EL 27 LLEGA A TEL AVIV

JERUSALEN. (AP). -El presidente de Honduras, José Azcona Hoyo, efectuará una visita oficial a Israel, la primera de un jefe de estado de ese país, anunció la Cancillería israelí.

Azcona Hoyo será acompañado en la visita, entre el 27 de mayo y el 2 de junio, por el vicepresidente y el ministro de Relaciones Exteriores de Honduras, dijo un vocero del ministerio.

Honduras extendió su reconocimiento al estado judío desde que éste declaró su independencia en 1948. Pero no hubo intercambio de embajadores hasta 1985, en que Honduras habilitó su embajada en Tel Aviv.

Se anticipa que ambos países firmarán acuerdos sobre cooperación técnica y turismo, dijo el vocero.

El Heraldo/20 de mayo de 1987

AZCONA PREPARA A PINEDA GÓMEZ PARA QUE ASUMA LA PRESIDENCIA

TEGUCIGALPA. - El presidente, José Azcona se reunió ayer con el designado presidencial, José Pineda Gómez para comunicarle que a partir del lunes queda como responsable del gobierno mientras él realiza una visita de 14 días a Israel.

Pineda Gómez informó que el presidente de la república le encomendó seguir trabajando en la reducción del déficit fiscal y evitar hacer gastos innecesarios en el gobierno.

El designado manifestó que, aunque queda con plenos poderes no hará cambios porque Azcona "no quiere hacerlos y yo estoy con su opinión".

"El único que puede ser cambiado es el ministro de Gobernación, Raúl Elvir Colindres, dado el estado delicado de su salud, pues tiene una 'trombosis cerebral que es muy peligrosa', dijo el designado que el próximo 5 de junio estará cumpliendo 83 años.

VALLADARES SOTO Y MONCADA SILVA, CANDIDATOS

Pineda Gómez reveló que su criterio personal es que los abogados Ramón Valladares Soto o Efraín Moncada Silva deben ocupar la titularidad del Ministerio de Gobernación, pero enseguida aclaró que "el presidente no tiene ningún candidato".

Por otro lado, se pronunció a favor de que Honduras adquiera los 12 aviones de combate F5E porque "la verdad es que estamos interesados en que mejoren las condiciones profesionales de nuestro ejército".

"La situación de Honduras, agregó es de fuego a su alrededor por lo que no debemos agotar los esfuerzos en lograr la paz y la tranquilidad. Indicó que los campesinos organizados deben ser más ponderados en sus exigencias especialmente en la destitución del director ejecutivo del Instituto Nacional Agrario (INA), Mario Espinal.

"El problema agrario es muy difícil en cualquier país y nadie lo ha resuelto a cabalidad", dijo.

José Pineda Gómez

La Prensa/20 de mayo de 1987

ISRAEL ANUNCIA VISITA DE PRESIDENTE HONDUREÑO

JERUSALEN. (AP). -El presidente de Honduras, José Azcona Hoyo, efectuará una visita oficial a Israel, la primera de un jefe de estado de ese país, anunció la cancillería israelí.

Azcona Hoyo será acompañado en la visita, entre el 27 de mayo y el 2 de junio, por el vicepresidente y el ministro de Relaciones Exteriores de Honduras, dijo un vocero del ministerio.

Honduras extendió su reconocimiento al estado judío desde que éste declaró su independencia en 1948. Pero no hubo intercambio de embajadores hasta 1985, en que Honduras habilitó su embajada en Tel Aviv.

Se anticipa que ambos países firmarán acuerdos sobre cooperación técnica y turismo, dijo el vocero.

La Prensa/20 de mayo de 1987

[A partir del domingo]

SIN MUCHOS PODERES, DEJA AZCONA A PINEDA GÓMEZ EN LA PRESIDENCIA

El Designado Presidencial, José Pineda Gómez, asumirá a partir del domingo próximo la titularidad del Poder Ejecutivo pero, según confesión propia, el presidente José Azcona Hoyo no le deja plenos poderes para manejar la estructura gubernamental.

Azcona viajará el domingo con destino a Houston, Estados Unidos, de donde se desplazará a Holanda e Israel por el término de 14 días, según la comunicación que le hizo personalmente a Pineda Gómez ayer.

El veterano dirigente liberal dijo que no queda con plenos poderes porque el presidente le informó que no puede nombrar a nadie en la Administración Pública sino que más bien debe contribuir a la meta de ahorrar 100 millones de lempiras en el presupuesto actual.

JOSE PINEDA GOMEZ

Por otra parte, Pineda Gómez señaló que tampoco podría introducir cambios en el Gabinete de Gobierno aunque no descartó que pueda sustituir al ministro de Gobernación, Raúl Elvir Colindres, quien probablemente renunciará en los próximos días por encontrarse sumamente enfermo.

Según Pineda Gómez, los candidatos para sustituir a Elvir Colindres son el presidente de la Comisión de Altos Estudios Territoriales, Ramón Valladares Soto, y el asesor del Ministerio de Hacienda, Efraín Moncada Silva.

El futuro presidente interino dijo que, como seguidor del presidente Azcona, también está interesado en que se mejoren las condiciones profesionales del ejército, por lo que se mostró partidario de la adquisición de los aviones que han sido ofrecidos por Estados Unidos.

El Heraldo/20 de mayo de 1987

[De lo contrario hay sanciones]
SOCARSE FAJA ORDENA AZCONA A SUBORDINADOS

***Gasto público deberá ser reducido por lo menos el 10%

Con vistas a reducir la brecha financiera que resulta entre la captación de recursos y los gastos presupuestarios, el presidente José Azcona acordó estrictas medidas de   control y de ajuste que garantizarán una reducción mínima del 10 por ciento del gasto público.

Aduce que las perspectivas económicas y financieras para 1987 son muy difíciles, por la drástica caída de los precios en el mercado internacional del café y por el aumento en los precios del petróleo, y que debido a estas situaciones se acentúan los desequilibrios de balanza de pagos y de tipo fiscal.

Además, algunos organismos descentralizados no podrán hacer frente a compromisos de pagos de deudas avaladas por el gobierno central, que tendrá que cancelarlas.

Por tanto, acordó que los responsables de la ejecución de programas y proyectos están obligados a gastar lo absolutamente indispensable para el buen funcionamiento de cada dependencia, utilizando en el transcurso del presente año un máximo de 90 por ciento total de su presupuesto aprobado con fondos nacionales.

Tras advertir que bajo ninguna circunstancia podrán efectuarse compras innecesarias, recalca que quedan congeladas las partidas de publicidad y de propaganda para todo el sector público, excepto para el Ministerio de Cultura y Turismo y la Secretaría de Prensa de la Presidencia de la República.

Asimismo, aquel tipo de publicidad y propaganda exigida para la ejecución de obras y servicios, así como las compras realizadas por la Proveeduría General de la República, campañas para mejorar los recaudos y combate del contrabando.

Tampoco se deberá contratar personal con las asignaciones de jornales y diversos servicios de profesionales y técnicos en momentos que excedan a las disponibilidades en dichos renglones.

Se prohíbe a los jefes de programas y proyectos autorizar la compra de vehículos automotores y equipo de oficina, tales como ventiladores, aparatos de aire acondicionado, plantas telefónicas, y otros.

De igual manera, se prohíbe todo gasto por atenciones destinado a celebraciones, compra de regalos y otras actividades sociales a cargo del Estado.

Únicamente se permitirán gastos en aquellos casos que obedezcan a compromisos oficiales estrictamente indispensables para lo cual, previo a la realización del compromiso, deberá consultarse a la Secretaría de Hacienda y Crédito Público, sobre si procede o no el gasto.

Fundamentalmente establece que deberá limitarse el uso de vehículos a las actividades estrictamente oficiales, agregando que en los días y horas inhábiles los vehículos deberán permanecer concentrados en las respectivas dependencias del Estado.

El incumplimiento a esta disposición dará lugar a que la Dirección General de Tránsito decomise el vehículo e imponga la respectiva multa al infractor de esta medida.

La Secretaría de Hacienda y Crédito Público deberá efectuar al menor tiempo posible todas las diligencias necesarias para agilizar y aumentar la captación de ingresos (impuestos, tasas y contribuciones), en rubros tales como: Impuesto sobre la Renta, Producción, Consumo y ventas, peaje y otros.

También se controla el pago de horas extras, becas en el exterior, mientras que todo el gasto adicional, de cualquier dependencia deberá ser sometida a los Ministerios de Planificación y Hacienda.

Finalmente, determina que lo dispuesto en el acuerdo es aplicable tanto al gobierno central como todas las instituciones del sector descentralizado, advirtiendo que el funcionario que no acate estas disposiciones será sancionado.

JOSE AZCONA
La Tribuna/20 de mayo de 1987

NO EXCEDERSE EN LOS GASTOS, ORDENA AZCONA A PINEDA GÓMEZ

***En sus dos semanas de ausencia en Israel

El designado presidencial, José Pineda Gómez, se reunió ayer con el presidente José Azcona para recibir las instrucciones que pondrá en marcha durante las dos semanas que le tocará sustituir al gobernante, quien emprenderá el próximo domingo un viaje a Israel.

Pineda Gómez aseguró que "el señor presidente de la República me deja con plenos poderes a excepción de los gastos y el nombramiento de empleados. Durante las dos semanas que esté al frente del Poder Ejecutivo no podré nombrar nuevos empleados, ni excederme en los gastos".

Indicó el presidente Azcona le comunicó que está empeñado en reducir el Presupuesto General de la República en 100 millones de lempiras. "Esa economía que quiere hacer el mandatario es muy difícil porque hay muchos gastos, pero creo que lo va a lograr", expresó.

El designado presidencial dijo que esperaba no tener problemas durante el tiempo que le toque sustituir al presidente Azcona "y si acaso hay problemas serían en el sector agrario, porque los campesinos quieren que se destituya al director del Instituto Nacional Agrario, pero creo que ellos van a comprender que sólo el presidente de la República tiene poderes para destituir a sus colaboradores".

Añadió que comparte el criterio del gobernante en el sentido de que no deben haber cambios en el Gabinete de Gobierno porque eso retrasará la administración pública, pero vaticinó que probablemente se presente un cambio en el Ministerio de Gobernación, debido a que el actual ministro (Raúl Elvir Colindres), se encuentra muy enfermo y posiblemente ponga su renuncia.

JOSÉ PINEDA GOMEZ

La Tribuna/20 de mayo de 1987

ALTO AL DERROCHE OFICIAL ACUERDA PODER EJECUTIVO

TEGUCIGALPA. Drásticas medidas a fin de evitar que los funcionarios públicos sigan derrochando los recursos del Estado, han sido adoptadas por el Poder Ejecutivo, a través de la Secretaría de Hacienda y Crédito Público.

Las medidas para reducir al máximo el gasto público incluyen la cancelación de todas las partidas publicitarias en las dependencias estatales, excepto para el Ministerio de Cultura y la Secretaría de Prensa, la prohibición a jefes de programas a que compren vehículos y equipos de oficina, tales como ventiladores, aire acondicionado, plantas telefónicas y otros que no se consideren necesarios para el funcionamiento del proyecto.

También, se reducirán responsabilidades civil y administrativamente a aquellos funcionarios que autoricen y reciban viáticos sin efectuar las giras correspondientes o cuando los mismos se autoricen para fines no relacionados con las acciones de trabajo o como complementos de sueldos.

En tal sentido, Hacienda ha recortado en un 40 por ciento los saldos disponibles de la partida de viáticos al exterior y en un 30 por ciento los viáticos dentro del país.

Se ordena a todas las dependencias que limiten el número de miembros que integran las delegaciones oficiales al exterior, debiendo aprovecharse, cuando sea posible, el personal acreditado en las embajadas de Honduras.

El gobierno ha prohibido terminantemente todo gasto por atenciones destinado a celebraciones, compra de regalos y otras actividades sociales a cargo del Estado.

En cuanto al uso del o vehículos, se ha dispuesto que estos circulen únicamente cuando se necesiten en actividades estrictamente oficiales.

También, se acordaron restricciones para el pago de horas extraordinarias a los trabajadores del Estado. Quedarán limitadas estas remuneraciones a los casos muy especiales, dice el acuerdo emitido por el Ministerio de Hacienda.

Otras restricciones son el uso de fotocopiadoras, aprobación de becas en el exterior, y contratación de empleados de emergencia.

AZCONA

Tiempo / 20 de mayo de 1987

EN COMAYAGUA: AZCONA INAUGURARÁ UN HOSPITAL INSUFICIENTE

El nuevo Hospital Regional de Comayagua, que se comenzó a construir hace nueve años, será inaugurado hoy por el presidente José Azcona, acompañado por el ministro de Salud Pública, Rubén Villeda Bermúdez.

El nuevo centro asistencial, dotado de moderno equipo médico, vendrá a sustituir al Hospital "Santa Teresa" construido hace 50 años. Sin embargo, solamente supera en 20 camas al viejo hospital por lo que se considera que no tendrá capacidad para cubrir las necesidades de salud del pueblo de Comayagua.

Las instalaciones del hospital "Santa Teresa" serán utilizadas como oficinas de la Región Sanitaria Número Dos y bodega de materiales médicos del nuevo centro asistencial.

Adrián Chavarría, director del hospital "Santa Teresa", confirmó que las instalaciones del nuevo hospital Regional de Comayagua, resultarán deficientes para satisfacer la demanda de servicios médicos en la región central del país.

El problema radica en que el hospital se planificó en base a la población que tenía esa ciudad hace nueve años, pero debido a la lentitud en los trabajos de construcción y el equipamiento del mismo la población casi se ha duplicado y, por tanto, su capacidad de servicio es mucho menor que la demanda.

Fachada principal del nuevo Hospital Regional de Comayagua, que será inaugurado hoy por el presidente José Azcona. *(Foto Leonardo Letona).*

La Tribuna/20 de mayo de 1987

AZCONA NO OLVIDA SU PUEBLO NATAL

El presidente José Azcona jamás se olvida de su ciudad natal, La Ceiba, a la que ha visitado como tal en varias oportunidades llevando el mensaje esperanzador a sus paisanos y contribuyendo económica y materialmente con el desarrollo de la comunidad.

La primera visita oficial del mandatario se produjo en mayo de 1986, coincidiendo con las festividades del Carnaval. En tal ocasión entregó 200 mil lempiras a la municipalidad, para ser invertidos en obras de infraestructura.

Posteriormente presidió los actos inaugurales de la pavimentación de la carretera entre La Ceiba y Olanchito. En diciembre del año anterior llegó a apadrinar la boda de su sobrina Lourdes Licona hoy de Oquelí, regresando el mes anterior para patrocinar la "Cena Presidencial" de la "Coordinadora de Desarrollo del Departamento de Atlántida", que obtuvo el éxito deseado.

El presidente José Azcona saluda a la profesora Eva de Mazier durante el ágape que se le ofreciera el año anterior en el Hotel París.

El presidente y su esposa Miriam de Azcona e hijo cuando apadrinó la boda de su sobrina Lourdes de Oquelí.

El presidente de la República llegó a La Ceiba en enero anterior a inaugurar la carretera que comunica a Olancho. *(Fotos Samuel Molina).*

PINEDA GÓMEZ SE HARÁ CARGO DE LA PRESIDENCIA EN AUSENCIA DE AZCONA

TEGUCIGALPA. El presidente José Azcona Hoyo llamó ayer a su despacho al designado presidencial José Pineda Gómez, para pedirle que se haga cargo de la presidencia de la República durante su gira de 14 días que realizará a Israel y Holanda a partir del domingo próximo.

El abogado Pineda Gómez dijo que el presidente Azcona le ha delegado "plenos poderes", en el servicio de la Presidencia de la República, pero le pidió que no se extralimite en los gastos, "porque él tiene la intención de reducir el gasto público en 100 millones de lempiras, aunque yo considero que es difícil porque hay muchos gastos", agregó.

Señaló que el presidente Azcona no le ha delegado facultades para nombrar personal ni mucho menos para hacer cambios en el Gabinete de Gobierno durante los 14 días que fungirá como presidente interino de la República.

Preguntado si consideraba necesario los cambios en el Gabinete de Gobierno, el designado presidencial manifestó que "yo siempre sigo la opinión del Presidente de la República, y él no quiere cambios".

Sin embargo, expresó que Azcona se verá en la obligación de aceptar la renuncia del ministro de Gobernación, Raúl Elvir Colindres, quien se encuentra padeciendo de trombosis cerebral.

Al referirse a la amenaza de los campesinos de hacer recuperaciones masivas de tierras, Pineda Gómez indicó que la posición de los dirigentes campesinos es "muy rara, porque en ningún país se ha podido resolver el problema agrario, puesto que es un problema muy difícil de resolver".

Los campesinos, agregó el funcionario, deben más bien preocuparse por la enseñanza en los cultivos, "porque algunos de ellos tienen cultivos como los tenían los mayas. De manera que ese es el problema pero también la comercialización de los productos, para lo cual es necesario la apertura de carreteras y caminos vecinales".

Asimismo, dijo que no corresponde a los campesinos la destitución del director ejecutivo del Instituto Nacional Agrario (INA) Mario Espinal, sino al Presidente de la República, "yo creo que ellos deben actuar con alguna moderación sobre este asunto".

En cuanto a los 12 aviones de combate F-5E que Honduras adquirirá de Estados Unidos, el abogado Pineda Gómez expresó que "nosotros hemos estado interesadísimos en que mejoren las condiciones de profesionalización del ejército, porque la situación de Honduras es de fuego a su alrededor, y no debemos descansar en procurar la tranquilidad y la paz y, para ello, necesitamos armamento".

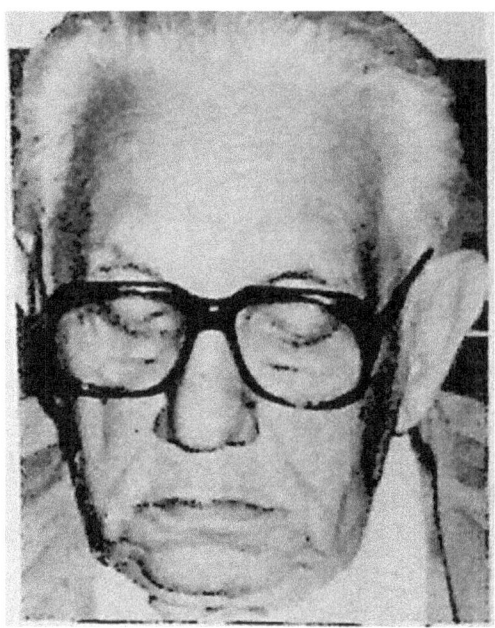

JOSE PINEDA GOMEZ

El Tiempo/20 de mayo de 1987

SOCARSE LA FAJA ORDENA AZCONA A FUNCIONARIOS

Por Eduardo Maldonado
Redactor de EL HERALDO

El presidente de la República, José Azcona Hoyo, sancionó ayer un acuerdo mediante el cual ordena a todos los responsables de ministerios e instituciones del Estado que adopten severas medidas de austeridad para poder reducir el gasto público.

Dicho acuerdo es el número 272 y el mismo se hizo pensando, sostiene el documento, en que las perspectivas económicas y financieras para este año "son muy difíciles por la drástica caída de los precios en el mercado internacional del café y por el aumento del petróleo".

Las medidas que ordenan "socarse la faja" a los ministros, gerentes y directores de las instituciones del Estado se hacen también para compensar los egresos que por compromisos no previstos en el presupuesto nacional han tenido que cumplirse.

El acuerdo tiene 18 artículos y el primero establece que "los responsables de la ejecución de programas y proyectos estarán obligados a gastar lo absolutamente indispensable para el buen funcionamiento de cada dependencia, utilizando en el transcurso del presente año un máximo del 90 por ciento del total presupuestado aprobado con fondos nacionales".

Este año sólo podrán gastar el 90 por ciento de lo presupuestado.

Además, se prohíbe a las instituciones realizar compras, cuando en la dependencia solicitante exista almacenada una cantidad suficiente como para poder suplir las necesidades de consumo para un período mayor de dos meses.

En dicho acuerdo se establece que a partir de la fecha quedan prohibidas y congeladas las partidas de publicidad y propaganda para todo el sector público, excepto para el Ministerio de Recursos Naturales y la Secretaría de Prensa de la Presidencia de la República, y para aquel tipo de publicidad y propaganda exigida para la ejecución de obras y servicios, así como las compras realizadas por la Proveeduría Gral. de la República y campañas para mejorar las recaudaciones y combatir el contrabando.

Además, se estipula en el acuerdo que ningún funcionario deberá contratar personal con las asignaciones de jornales y diversos servicios de profesionales y técnicos en montos que excedan a las disposiciones de dichos renglones, por consiguiente, los pagos mensuales no podrán excederse de la doceava parte del presupuesto.

El gobierno de la República también ha decidido prohibir a los jefes de programas y proyectos autorizar la compra de vehículos automotores y equipo de oficina, tales como ventiladores, aparatos de aire acondicionado, plantas telefónicas y otros que no se consideren necesarios.

En sus drásticas medidas el Poder Ejecutivo también prohíbe el trámite de órdenes de pago cuyo fin sea la creación de cuentas especiales, se exceptúa la compra de medicinas y otras que establezcan leyes especiales.

RECORTADOS LOS VIÁTICOS

Más adelante el acuerdo en su numeral siete, indica que los viáticos para viajes al exterior se limitarán a un 40 por ciento de los saldos disponibles de la partida y en 30 por ciento los del interior.

Además, se ordena que el número de miembros que integren las delegaciones que viajan al extranjero deben ser reducidas y que debe aprovecharse, cuando sea posible, el personal acreditado en las diversas embajadas y consulados.

En cuanto al abuso de los vehículos del Estado por algunos funcionarios, el acuerdo sostiene que a partir de la fecha queda estrictamente prohibido el uso de los mismos y se amenaza con despedir a quien contravenga dicha disposición.

Entre otras de las medidas tomadas por el gobierno para reducir el gasto público están: recortar en un 20 por ciento la partida para el pago de empleados de emergencia, al igual que los nombramientos, salvo previa autorización del Ministerio de Hacienda, deberá limitarse el pago de horas extras; no se concederán más becas para estudios en el extranjero y no más fotocopias que no sean para uso oficial.

El Ministerio de Hacienda tendrá a su cargo todo el control del cumplimiento de estas medidas, pero también tiene sus responsabilidades como es poner en práctica en el menor tiempo posible los mecanismos necesarios para agilizar y aumentar la captación de ingresos en rubros tales como: Impuesto Sobre la Renta, producción, consumo y ventas, peaje y otros.

AZCONA HOYO

*El Heraldo/*20 de mayo de 1987

AZCONA APRUEBA SUBSIDIO DE L. 2 MILLONES A ALGODONEROS

Al registrarse un mejoramiento en los precios internacionales del algodón posiblemente los productores no tendrán necesidad de recurrir al respectivo subsidio estatal durante la próxima cosecha.

Sin embargo, previendo cualquier anormalidad, el Presidente José Azcona aprobó el lunes anterior dos millones de lempiras en calidad de subsidio y estableció el precio de garantía en 50 lempiras por quintal en rama.

Actualmente el precio del algodón se cotiza en la bolsa de valores de Nueva York a 68 dólares el quintal oro, según indicó ayer el ministerio de Economía.

El titular de Economía, Reginaldo Panting, dijo que el precio ha subido en los últimos días en aproximadamente once dólares en relación a las ventas del año anterior.

Si tal precio manifestara un crecimiento adicional de cinco a seis dólares "no habría necesidad de subsidio".

El Heraldo/21 de mayo de 1987

NO SACARÉ A ESPINAL, REITERA AZCONA

***Problemas en el agro, en la Portuaria y en el Ferrocarril no harán que suspenda su viaje a Israel, dice.

COMAYAGUA. El presidente José Azcona Hoyo reiteró ayer que no accederá a la petición del sector campesino, que exige la destitución del director del Instituto Nacional Agrario (INA), Mario Espinal, porque "no existe ninguna razón de peso para hacerlo".

Lo anterior lo afirmó el mandatario en una rueda de prensa en el marco de la inauguración del nuevo hospital regional de Comayagua, el cual tiene un costo de seis millones de lempiras y se estima que prestará servicios médicos a medio millón de hondureños.

Ante el problema del sector agrario, Azcona Hoyo indicó que le situación no es tan grave como lo han hecho ver, pero que se le va a buscar una solución al igual como se está haciendo con el conflicto del Ferrocarril Nacional y el de la Empresa Nacional Portuaria, así como el de los maestros.

"No pienso suspender mi viaje a Israel por estos problemas, vivimos en un gobierno democrático y siempre hay exigencias, pero no nos va a llevar a la desesperación, no creo que haya nada contra el gobierno, no vamos a destituir al director del INA, voy hacerlo cuando la otra parte me muestre que tiene razón", agregó.

En cuanto a la solicitud del norteamericano Temístocles Ramírez de Arellano, quien pide al Congreso de su país que no entregue los aviones F-5 a Honduras mientras este gobierno no indemnice por ocupar sus propiedades, manifestó que es un tema bastante delicado y por eso no se puede ventilar públicamente, pero que ya se están estudiando las formas de solucionarlo.

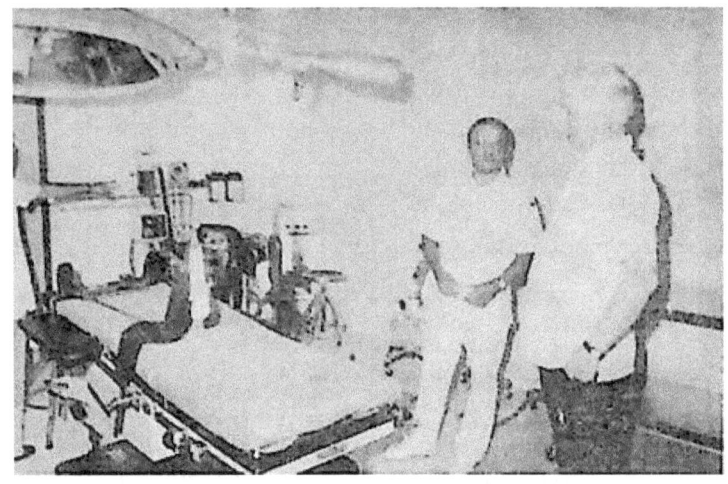

El presidente Azcona Hoyo, acompañado por un médico, observa el nuevo equipo con que cuenta el hospital regional de Comayagua inaugurado ayer por el mandatario. *(Foto Salgado).*

Por otro lado, al referirse a la nueva ley de migración de Estados Unidos y la posible deportación de miles de hondureños, el presidente anunció que está dispuesto a firmar cualquier documento que los países afectados elaboren en forma de solidaridad, para que no se den los efectos dramáticos que no sólo harán daño a estas personas sino también a sus naciones de origen.

106

A los actos de inauguración del hospital regional asistieron también el ministro de la Presidencia, Céleo Arias; los ministros de Salud, Educación y Hacienda, Rubén Villeda Bermúdez, Elisa Valle de Martínez y Efraín Bu Girón, el alcalde y la gobernadora política de esta ciudad, representantes de la Fuerzas Armadas, de la Iglesia Católica y centenares de comayagüenses.

El Heraldo/21 de mayo de 1987

DESTITUCIÓN DE ESPINAL NO ES NEGOCIABLE: CASTILLO

***Tierra que esté ociosa, se va a afectar

TEGUCIGALPA. El presidente José Azcona Hoyo nombró ayer una comisión, presidida por el ministro de Recursos Naturales, Rodrigo Castillo Aguilar, para negociar con los dirigentes de las organizaciones campesinas las demandas de tierras, menos la destitución del director ejecutivo del Instituto Nacional Agrario (INA), Mario Espinal Zelaya.

El ministro Rodrigo Castillo dijo que el Presidente Azcona mantiene su posición de que la destitución de Mario Espinal "no es negociable", y que "de eso tienen que estar bien claros los dirigentes campesinos, porque el proceso de reforma agraria no es una persona".

Indicó que para la afectación de tierras se nombrará una comisión interinstitucional, la que decidirá si un terreno es afectable o no, "pero tenemos que decirlo claro: La tierra que está ociosa, se va a afectar", agregó.

Señaló que las medidas de presión que están implementando los dirigentes campesinos, son incongruentes con el desarrollo del proceso de reforma agraria y las aspiraciones de las bases campesinas, y que la destitución de Mario Espinal nunca ha sido un punto de discusión entre la dirigencia campesina y el gobierno.

El Presidente Azcona se reunió ayer con el ministro de Recursos Naturales, Rodrigo Castillo.

107

Castillo manifestó que el malestar entre la dirigencia campesina radica en que ahora las instituciones de crédito otorgan los financiamientos directamente a las bases campesinas, sin tomar en cuenta a los dirigentes, "entonces ellos dicen que nosotros estamos destruyéndoles sus organizaciones, sólo porque le estamos metiendo a las bases dinero para que puedan trabajar".

En anteriores reuniones, el gobierno y la dirigencia campesina acordaron integrar comisiones para revisar y agilizar los expedientes de solicitudes de tierras que están retenidas en el INA, pero según Rodrigo Castillo, a los dirigentes campesinos no les gusta trabajar y "muchos de ellos sólo pelean intereses personales". (TDG)

Tiempo/21 de mayo de 1987

AMENAZAS DE HUELGA NO DETENDRÁN MI VIAJE: JAH

Honduras mantendrá en Esquipulas la misma posición de siempre

COMAYAGUA, departamento de Comayagua. - El presidente José Azcona Hoyo dijo aquí ayer que su viaje a la República de Israel el domingo entrante no será interrumpido por las amenazas de huelga de varias organizaciones gremiales del país, así como tampoco las ocupaciones de tierras iniciadas ayer a nivel nacional por diferentes agrupaciones campesinas.

"En un país siempre hay problemas; resolvemos un problema y surge otro y eso es así dentro de una democracia, pues sólo en los países donde hay dictaduras de cualquier signo nadie se mueve y en todas partes donde hay democracia hay huelgas", señaló Azcona Hoyo en conferencia de prensa instalada con motivo de su llegada aquí para inaugurar el hospital regional de Comayagua.

El mandatario apuntó al respecto que "sin embargo, retrasé mi viaje a esta ciudad para sostener una reunión a las 3 de la tarde con los ministros Juan Fernando López y Reginaldo Panting y con directivos de los sindicatos de la Portuaria, del Ferrocarril Nacional, Central de Trabajadores de Honduras y la FESITRANH, a fin de encontrarle soluciones a los problemas planteados por los trabajadores portuarios y ferrocarrileros".

Refiriéndose a las ocupaciones de tierras de ayer, el presidente Azcona dijo que "la cosa no es tan grave" y que no cree que sea un movimiento contra su gobierno, y a la vez expuso que "tal situación nos va a llevar a la desesperación, y ya designé el ministro de Recursos Naturales para atender los reclamos de los campesinos".

Asimismo, reiteró que "no destituiré de la dirección del Instituto Nacional Agrario a su titular Mario Espinal; lo haría si me demostraran que es incapaz o deshonesto, pero no vemos la razón para destituirlo sólo por satisfacer las exigencias de grupos campesinos a los que ya se les ha distribuido durante mi gobierno cerca de 32 mil manzanas de tierras y para finales de año esta distribución llegará a 50 mil".

Refiriéndose a la cita de Esquipulas, Azcona Hoyo señaló que Honduras mantendrá la misma posición de siempre y que irá allí a analizar el Plan Arias "para ver qué sale" de ese encuentro, pues Honduras no está en guerra con nadie y no tiene problemas con nadie, y los problemas con El Salvador ya los estamos resolviendo en el tribunal de La Haya y de haber un entendimiento entre los nicaragüenses nosotros estaríamos dispuestos a respaldarlo.

AZCONA

Tiempo/21 de mayo de 1987

[Callejas]:
POR INCUMPLIMIENTO DE AZCONA SE PRODUJERON LAS INVASIONES

SAN PEDRO SULA. El presidente del Comité Central del Partido Nacional de Honduras, Rafael Leonardo Callejas Romero, se pronunció ayer aquí a favor que los aviones de guerra que tienen las Fuerzas Armadas sean sustituidos por otros, porque los actuales ya "son obsoletos".

Callejas Romero, quien llegó a esta ciudad para reunirse con dirigentes de su partido y participar en un desayuno con los periodistas agregó "que los aviones de guerra que tienen las Fuerzas Armadas son de alto riesgo para nuestros aviadores".

El aspirante presidencial aclaró que el punto crítico sobre los aviones de guerra se establece en "si tenemos capacidad o debemos adquirir los aviones".

Agregó que "nosotros entendemos que los aviones F-5E serán vendidos por los Estados Unidos, pero que serán cancelados con el Programa de Asistencia Militar que se le asignó a Honduras hasta por 80 millones de dólares el año recién pasado".

Callejas Romero aclaró que él no estaría de acuerdo con la adquisición de esos aparatos "si tuviésemos que desembolsar 120 millones de dólares de recursos propios, porque el país no los tiene".

En ese sentido dijo que hay conciencia en "todos los niveles del Poder Ejecutivo, del cuerpo legislativo y de las Fuerzas Armadas de Honduras".

INSTALACIÓN DE REPETIDOR DE LA VOA

Al preguntarle sobre la instalación de un repetidor de la Voz de Estados Unidos de América (VOA) en suelo hondureño, el político expresó que "estamos analizando si el mismo está enmarcado en todos los parámetros de la Constitución y la legalidad de este país".

Enseguida dijo que "aunque en este instante no tengo ninguna posición al respecto, el Partido Nacional no va a permitir en ningún sentido que la soberanía de la República sea violentada en ningún momento".

Interrogado en relación a la toma de tierra por los campesinos a partir de ayer, dijo que ello obedece a la falta de cumplimiento de las promesas hechas por el Poder Ejecutivo en el sentido que se les dotaría de predios dentro de 90 días, cuyo plazo terminó en este mes.

Agregó que "si se suscribe un acuerdo o convenio o se da una asociación formal hay que buscar las alternativas para cumplirlo, porque si no se crea la inestabilidad, la con- fusión, y la falta de confianza en las estructuras políticas que rigen los destinos de la nación".

Apuntó que "lo que sí es determinante desde nuestro punto de vista es que los compromisos adquiridos en representación del Poder Ejecutivo, se cumplan".

Por último, el dirigente nacionalista se refirió a los alcaldes del país haciendo una diferencia entre buenos y malos, tras argumentar que "es difícil ser alcalde en Honduras. Realmente los que hacen una buena labor es porque son personas que han tenido y tienen el apoyo de sus comunidades".

El Heraldo/21 de mayo de 1987

LABRIEGOS AMENAZAN CON TOMARSE PUENTES

COMAYAGUA (Julio César Turcios) Luis Alonso Argueta dirigente de la ANACH, dijo que "las cosas han llegado este extremo por la renuencia del actual director del INA, Mario Espinal, al no acatar las diferentes solicitudes que han formulado los representantes de las organizaciones campesinas".

Agregó que los labriegos se sienten preocupados porque el proceso agrario no va y sus dirigentes a nivel regional son presionados. Manifestó que esto no es un problema nuevo si no que data de mucho tiempo y que ya llegó al punto culminante donde el barril estalla y donde deben pedir de una manera o de otra apoyar a nivel nacional las acciones de los directivos para solucionar sus problemas.

Argueta dijo que el proceso agrario se estancó con la llegada de Mario Espinal al Instituto Nacional Agrario, el cual se paralizó por espacio de seis meses.

Manifestó que ellos fueron burlados por el director ejecutivo del INA al utilizarlos para una reestructuración en esa institución.

Dijo que sus operativos los hacen de manera pacífica y con pocos campesinos, "pero esto va a ser progresivo si las acciones no llegan a un feliz término", ya que si no se les cumple con lo que ellos han planteado continuarán con las recuperaciones masivas de tierra, tomas de puentes y otras acciones.

El Heraldo/21 de mayo de 1987

LA ENEE Y LOS ASPIRANTES

HACE unos días tuvimos la oportunidad de escuchar una exposición que ofrecieron funcionarios públicos de la Empresa Nacional de Energía Eléctrica. Explicaban cómo "El Cajón" había venido a resolver en mucho los problemas de suministro de energía eléctrica que por muchos años enfrentó el país.

Explicaron cómo con la puesta en marcha del enorme complejo hidroeléctrico, Honduras economiza muchos billetes que antes destinaba al pago de la factura petrolera.

También refirieron los técnicos que en este momento el país cuenta con abundancia de energía, de tal forma que no sólo tenemos para abastecer el consumo nacional, sino también para venderle a otros países centroamericanos.

Uno de estos es Nicaragua. La vaina con estos es que cuesta que paguen, pero aun así, de todas formas, si no se dispusiera de esa energía adicional, se perdería, por lo que resulta mejor venderla --aunque al crédito-- que desperdiciarla.

Pero hay algo que nos llamó mucho la atención. Informaron los técnicos que entre los planes de la ENEE está el de llevar energía a varias comunidades abandonadas en el país. Piensan que, si de todas formas vamos a tener energía eléctrica en abundancia, sale mejor electrificar esos pueblos remotos y proyectar los beneficios para que lleguen a la gente pobre, que disponer de lo que ahora tenemos para dárselo a otros países.

Si los proyectos que tienen en mente fueran factibles a corto plazo, creemos que es digno de reconocerle a la actual administración de la ENEE, que se han anotado un caballo, que vendrá a favorecer en mucho el desarrollo nacional. Ese es el tipo de proyección que necesita el gobierno; llevar los elementos necesarios del desarrollo a los lugares más necesitados. Hacer que esta gente se sienta parte del conglomerado nacional. Que no se sientan como olvidados, como perdidos, como aislados del interés colectivo.

Y es que sucede que el actual gerente de la ENEE justo es reconocerlo, reúne todas las cualidades de un buen funcionario. Es un hombre extraordinariamente trabajador. Este, dentro de ese equipazo de los mejores hombres y mujeres del presidente, sí en realidad es un funcionario que parece hormiga trabajando. Lo hace con entusiasmo, y creemos también que lo hace con conocimiento.

En los últimos meses ha sido objeto de grandes controversias. Se ha denunciado que la institución se ha convertido en una oficina de apoyo para uno de los aspirantes presidenciales y que la energía eléctrica la van a ofrecer a los pueblos como favor del movimiento político que patrocina. De tal forma que, desde el Congreso Nacional, otro de los aspirantes presidenciales, se ha propuesto hacerle la vida imposible al funcionario, alimentando una comisión investigadora con especial dedicatoria. Del Congreso Nacional también se ha escuchado las críticas al gabinete del presidente Azcona. La han agarrado contra el gerente de la COHDEFOR, la ministra de Educación, el gerente de la ENEE, y uno que otro más que podríamos agregar a la lista. La casualidad es que los únicos funcionarios malos, en criterio del presidente del Congreso Nacional, son aquellos que no le han jurado lealtad a su candidatura y que se han manifestado apoyando a otros aspirantes del liberalismo.

Esta reyerta política es la que tiene del voladero la administración del presidente Azcona, ya que las cosas no se ven a la luz de la conveniencia nacional sino al color de determinado interés político. Hoy para un lado y mañana para el otro.

Gran parte de las obras que ha anunciado el presidente Azcona en sus informes administrativos tienen que ver con proyectos dirigidos por la ENEE. Eso significa que aun con todo y los detestables apagones, la institución está trabajando. Y sería mejor la imagen proyectada si esas obras de la ENEE so ofrecieran como realizaciones del gobierno y no como dádivas particulares de ningún aspirante político, quien va a dar eso a cambio de votos potenciales.

Y así como en esto, el presidente debería hacer algo para que los enfrentamientos políticos de distintos aspirantes presidenciales, no le opaquen ni le destruyan su gestión administrativa.

La Tribuna/21 de mayo de 1987

Lo nombra Azcona Hoyo
RODRIGO CASTILLO BUSCARÁ UNA SOLUCIÓN AL PROBLEMA AGRARIO

TEGUCIGALPA. - El presidente José Azcona Hoyo designó ayer a Rodrigo Castillo, ministro de Recursos Naturales, para que encabece una comisión estatal a un acuerdo final sobre el problema agrario agudizado en los últimos días.

Como consecuencia de la toma de las instalaciones principales del Instituto Nacional Agrario (INA) y de otras regionales del país, Azcona Hoyo se reunió de emergencia en horas de la mañana de ayer con el director ejecutivo Mario Espinal, el presidente del Banco Nacional de Desarrollo Agrícola (BANADESA), Armando Erazo y el ministro de Recursos Naturales, Rodrigo Castillo Aguilar.

Se tomó la decisión de nombrar a este último para que dialogue con los campesinos y llegar a un acuerdo que satisfaga a ambas partes.

Castillo subrayó que de ninguna manera será destituido el director del INA tal y como lo exigen las organizaciones agrarias porque con ello no se estaría solucionando el problema.

Anunció que se nombra una comisión interinstitucional, integrada por todos los sectores interesados, la que llegará al terreno de los hechos y comenzará a revisar las tierras aptas para el cultivo que no son utilizadas.

"La tierra ociosa será afectada, incluyendo la de ciertas cooperativas campesinas porque hay algunas de ellas que tienen hasta 500 manzanas de tierras sin cultivar", sostuvo el titular de Recursos Naturales.

Se estima que el problema agrario quedará resuelto por la tarde este día dado que el Presidente de la República no desea abandonar el país sin antes saber el resultado de las negociaciones, según lo revelado por el profesor Castillo Aguilar.

Lo que les molesta a los dirigentes campesinos es que los organismos financieros del Estado han entregado los créditos en forma directa a los labriegos, sin tomar en cuenta a las cooperativas regionales, dijo el ministro.

Según el funcionario de Recursos Naturales, se han dado casos donde los campesinos están solventes con las cooperativas, pero éstas no han canalizado el dinero a las instituciones de crédito, lo que ha obligado al gobierno a tomar estas medidas.

Aclaró que con ello no se está influenciando o ganando adeptos entre el sector campesino del país.

La Prensa/21 de mayo de 1987

[En torno al conflicto en el agro]:

FENAGH se reúne en San Pedro Sula para brindar su apoyo al presidente

SAN PEDRO SULA- La Junta Directiva de la Federación Nacional de Agricultores y Ganaderos de Honduras (FENAGH), presidida por Miguel Ángel García, se reunió ayer, por tercera vez en esta semana, en esta ciudad para analizar la situación prevaleciente en el agro y manifestar su descontento, condena y repudio a las invasiones masivas de tierras por parte de los campesinos y las tomas, por parte de éstos, a las oficinas del Instituto Nacional Agrario (INA), en todo el país.

Miguel Ángel García dijo a LA PRENSA que no se descarta la posibilidad que "en la ejecución de estos actos irreflexivos haya agitadores de oficio y gente que comulga con doctrinas exóticas, como el comunismo". Asimismo, expresó que la "FENAGH ha decidido brindar todo su apoyo a las decisiones que tome el presidente de la república, ingeniero José Azcona Hoyo, en torno a la situación existente".

"El país no puede aguantar mucho tiempo con tanto relajo y tiene que ponerse fin a la actitud irresponsable de los mismos dirigentes campesinos que han obligado a delinquir a sus afiliados", enfatizó García para luego agregar que "hay dirigentes campesinos que no están luchando por un proceso agrario, sino que por puros caprichos".

Como ejemplo del caso anterior el presidente de la FENAGH manifestó que el dirigente de la Federación de Cooperativas para la Reforma Agraria de Honduras (FECORAH), señor Nelly Ramírez, ha mostrado una posición intransigente en las negociaciones que se llevan a cabo en Tegucigalpa, pues su tesis, para resolver el problema campesino, es que se debe destituir al director del INA, ingeniero Mario Espinal, "lo cual no es más que un capricho", reitero García.

Los dirigentes de la FENAGH dijeron que en las últimas horas han sido invadidas las tierras de los agricultores y ganaderos norteños Ramón Larios, Flavio Tinoco Díaz, René Bendaña Meza, Carlos Inestroza, Ricardo y Roberto Maschi y los terrenos del diputado Céleo Moya.

Los dirigentes de la FENAGH manifestaron ayer a los reporteros su decisión de apoyar en todo las decisiones que tome el presidente de la república en torno a la situación creada por los dirigente campesinos. *(Foto Morales).*

La Prensa/22 de mayo de 1987

AZCONA FIRMA CONTRATO PARA ELECTRIFICAR 21 MUNICIPIOS

TEGUCIGALPA. - El presidente de la República José Azcona Hoyo suscribió un contrato para la electrificación de 21 municipios pertenecientes a los departamentos de Yoro, Francisco Morazán y Comayagua.

El proyecto, valorado en 7.8 millones de lempiras, se desarrollará con financiamiento del Fondo de Inversiones de Venezuela (FIV) y la compañía encargada de ejecutarlo será el consorcio SVECA SADE VINCCLER.

En la primera etapa serán beneficiadas las comunidades de El Progreso, Morazán, Yoro, Punta de Ocote, La Habana, El Negrito, Chaucaya, La Guata, Puente Grande, Subirana y Jocón en el departamento de Yoro.

En la segunda etapa se construirán los ramales de Sulaco, Marale, Victoria, San José del Potrero, Minas de Oro, Esquías y San Luis en Comayagua, Yoro y Francisco Morazán.

El mandatario al referirse a la importancia del proyecto aseguró que antes de que finalice 1988 todas las comunidades mencionadas gozarán del servicio de electricidad las 24 horas, incorporándose de esta manera a los beneficios que ello proporciona.

UNC RESPALDA DECISIONES DE AZCONA

TEGUCIGALPA. (Por José Danilo Izaguirre). - La Unión Nacional de Campesinos (UNC), ofreció un total respaldo al presidente de la República y al jefe de las Fuerzas Armadas, Humberto Regalado Hernández, siempre que se excarcelen a los campesinos detenidos y se proyecte el desarrollo del agro.

Así lo declaró ayer Inocencio Peralta, secretario general de la UNC, al abandonar la reunión sostenida con el presidente Azcona y Regalado Hernández, en representación del instituto armado.

Los dirigentes aglutinados en la UNC ante el conflicto que se vive en estos momentos entre gobierno y algunas organizaciones campesinas solicitaron al mandatario una reunión urgente que tiene objetivo buscar una solución.

Peralta señaló que con las actitudes asumidas por sus compañeros no se llegará a soluciones concretas aunque consideró que es justa la petición de los campesinos.

"No podemos estar en contra del desarrollo del agro, pues con la destitución de un funcionario no se solucionan los problemas".

En ese sentido hicieron una serie de planteamientos nuevos sobre las necesidades de los campesinos, a las que el mandatario accedió en su mayoría.

Entre los planteamientos establecidos se señala el excarcelamiento de los campesinos que fueron detenidos hace algunos días; el desarrollo del agro mediante la afectación de tierras ya sean privadas o públicas, siempre y cuando sean apropiadas para el desarrollo del cultivo; ayuda crediticia establecida dentro de los marcos legales como fundamento del desarrollo para el campesinado que necesita de la tierra para hacerla producir.

En ese sentido, dijo el ministro de Recursos Naturales, se puede entrar en negociaciones con sectores que están compenetrados de sus responsabilidades, pues es de todos conocido que de la noche a la mañana no se pueden resolver los problemas que se arrastran desde hace muchos años.

Castillo Aguilar fue categórico al señalar que están dispuestos a cumplir con la mayoría de las peticiones hechas por la UNC.

De esa manera se puede encontrar solución mediante la unificación, pero que las cosas se hagan enmarcadas dentro de los principios legales.

Declaró a Diario LA PRENSA que al finalizar la reunión los que participaron encontraron puntos de coincidencia que sólo favorecen a los campesinos, concluyó.

El presidente Azcona en diálogo con la CGT

La Prensa/22 de mayo de 1987

Gobierno garantiza a UNC las tierras "recuperadas"
Para la Unión la situación de Espinal es secundaria

El presidente José Azcona y el comandante en jefe de las Fuerzas Armadas, general Humberto Regalado, se comprometieron ayer con los dirigentes de la Unión Nacional de Campesinos (UNC) a agilizar la adjudicación de las tierras que sus afiliados se tomaron en las últimas horas.

Durante reunión celebrada en la Casa Presidencial los directivos de la UNC solicitaron que se agilice el proceso de entrega de tierras y se libere a los campesinos que guardan prisión por participar en actividades de recuperación de tierras.

En la reunión también participaron Oscar Escalante, secretario general adjunto de la Central General de Trabajadores (CGT), el ministro de Recursos Naturales, Rodrigo Castillo Aguilar, y el director ejecutivo del Instituto Nacional Agrario (INA), Mario Espinal.

El secretario general de la UNC, Víctor Inocencio Peralta, explicó que el planteamiento ante el presidente de la República y el comandante en jefe de las Fuerzas Armadas "sólo difiere de las peticiones de las demás organizaciones campesinas, en el punto referente a la destitución del director del INA".

"Nuestro planteamiento coincide en la entrega de tierras, asistencia técnica y crediticia, pero no hacemos énfasis en la destitución de Espinal porque eso es secundario. Más nos interesa que nuestros afiliados tengan tierras para trabajar y que se nos readecuen las deudas", comento.

Peralta dijo que la UNC no tiene miembros en la toma de las diferentes oficinas del INA, pero que muchos grupos sí han participado en la toma de tierras y que por eso buscan de que el gobierno les garantice la adjudicación de las mismas.

Afirmó que es necesario que el gobierno resuelva de inmediato las peticiones de las demás organizaciones campesinas "porque se requiere una armonía entre el gobierno, ganaderos, ejército y campesinos para dedicarnos a producir en paz y tranquilidad".

Dirigentes de la Unión Nacional de Campesinos (UNC) durante la reunión celebrada ayer con el presidente José Arcona y el comandante en jefe de las Fuerzas Armadas, general Humberto Regalado, quienes se comprometieron a agilizar la adjudicación de las tierras que han tomado por la fuerza. *(Foto cortesía Daniel Trejo).*

La Tribuna / 22 de mayo de 1987

JOSÉ AZCONA:
INDEMNIZACION A TEMÍSTOCLES NO DEBE VENTILARSE PUBLICAMENTE

TEGUCIGALPA, mayo 21 (AFP). - El presidente hondureño, José Azcona, aseguró hoy que "no existe todavía una presión fuerte del Senado norteamericano y mucho menos de la Administración Reagan" sobre Honduras para que indemnice al puertorriqueño Temístocles Ramírez, expropietario aquí de un terreno de uso militar.

El caso, que podría obstaculizar la venta de aviones militares F-5E de Estados Unidos a Honduras, fue mencionado por el mandatario al aludir tácitamente a declaraciones del subsecretario de Estado Elliot Abrams.

Abrams aseguró ayer que este caso deberá ser resuelto por Honduras y que el Departamento de Estado "ejerce presiones" para que el reclamante sea indemnizado.

Azcona dijo a la prensa que "no existe todavía una presión fuerte del Senado norteamericano y mucho menos de la Administración para resolver este problema", al que calificó de "tema bastante delicado que el gobierno no debe ventilar públicamente".

Temístocles Ramírez tenía una empresa ganadera en Puerto Castilla, en el Atlántico hondureño, expropiada por el Estado en 1984 para la instalación del Centro Regional de Entrenamiento Militar (CREM), creado por Estados Unidos casi exclusivamente para adiestrar efectivos salvadoreños.

La Tribuna/22 de mayo de 1987

COMAYAGUA: HOSPITAL PARA MEDIO MILLÓN DE HONDUREÑOS

El presidente José Azcona inauguró este miércoles el nuevo Hospital Regional de Comayagua, construido a un costo de cinco millones 600 mil lempiras y que beneficiará a más de medio millón de hondureños.

Este moderno centro hospitalario cuenta con una capacidad de 110 camas y funcionará con un presupuesto anual de tres millones de lempiras, lo que permitirá impulsar los servicios de salud que se prestan a los habitantes de Comayagua, Intibucá, Siguatepeque, La Paz y Marcala.

En un discurso de inauguración el mandatario expresó su satisfacción de poder ver culminadas las viejas esperanzas de los pobladores de la antigua capital del país y sus alrededores, dando por iniciadas las operaciones de su nuevo hospital.

Asimismo, manifestó que está consciente del papel que desempeña la salud en el desarrollo general del Honduras y en la consolidación de la democracia, por lo que es y continuará siendo primordial en su administración.

Agregó que sólo satisfaciendo las necesidades básicas de la población podrá romperse el círculo de atraso, subdesarrollo y dependencia y esto sólo se puede lograr haciendo grandes esfuerzos en todos los niveles.

Por su parte, el titular de Salud Pública, Rubén Villeda Bermúdez apuntó que con la construcción del Hospital de Comayagua se crea una importante columna vertical en el mejoramiento sanitario de la zona central del país.

El presidente José Azcona pronuncia su discurso en ocasión de inaugurar el nuevo hospital de Comayagua.

*La Tribuna/*22 de mayo de 1987

LA DEMAGOGIA AGRARIA

Un clima de franca preocupación comienza a extenderse a lo largo y ancho del país, al haberse consumado, al menos parcialmente, las amenazas que algunos dirigentes campesinos formularan recientemente, en el sentido de "tomar" edificios y predios en producción, para obligar al gobierno a satisfacer demandas que ellos consideran fundamentales.

Entre tales exigencias destacan dos: primera, la destitución del director del organismo agrario; segunda, la dotación de 80,000 hectáreas de tierra, aunque en algunas publicaciones periodísticas se ha dicho que el reclamo llega hasta 100.000.

Para poner al presidente Azcona contra la pared, los promotores de esta presión han escogido los días previos su viaje -anunciado desde hace varios días- a Israel. En efecto, si bien en un comunicado de los grupos campesinos se decía que las ocupaciones ilegales de tierras se harían a partir del 25 del corriente, cuando trascendió que el jefe de Estado saldría el 24 del país, se anticipó la medida de fuerza. que a su vez ha dado pie ya a varios desalojos, especialmente en el oriente del territorio nacional.

Pese a ello, el mandatario ha dicho, de manera explícita, que no suspenderá su viaje al Estado Judío, pues hay ya compromisos serios contraídos al respecto y se trata de una visita de carácter oficial en la que están envueltos asuntos relevantes de interés mutuo.

En todo caso, parece obvio que un reclamo tan áspero, acompañado de actos de fuerza como es la toma de edificios, oficinas y fincas, obliga a preguntarse hasta dónde llegaremos en este país si no se pone freno a la técnica del chantaje social como medio de resolver las diferencias que se dan en el proceso de la convivencia.

Asimismo, es obligado reflexionar sobre cómo han sido utilizadas las tierras que, hasta la fecha, han sido otorgadas a los grupos campesinos a lo largo de todos los años que lleva la reforma agraria de estar en el candelero.

Portavoces de la Federación Nacional de Agricultores y Ganaderos de Honduras (FENAGH), han dicho públicamente que alrededor del 70 por ciento de los predios que han recibido los campesinos, están incultos.

Por su parte, las asociaciones de labriegos no han desmentido esta afirmación, lo que podría indicar que es cierta, si no en su totalidad, al menos en una buena medida.

Para nadie es un secreto que -efectivamente- hay millares de hectáreas ociosas, en sitios que antes de su expropiación fueron fincas prósperas y que una vez en manos de los campesinos, se han convertido en auténticos desiertos.

La comprobación de esa realidad obliga a la pregunta: ¿qué sentido tiene continuar adjudicando tierras, para que permanezcan incultas, mientras los labriegos emigran a las ciudades a incorporarse en los cinturones de miseria?

Como lo hemos señalado en más de una ocasión, pues creemos que al pueblo hay que decirle la verdad, ¿por qué Estados Unidos, el país más próspero del mundo y el que tiene los más altos niveles de productividad agrícola, jamás hizo una reforma agraria?

En Latinoamérica, sin excepción, las reformas agrarias han terminado en fracasos rotundos, y la razón esencial por la cual los políticos siguen hablando en favor de ella es porque creen que atrae votos de las mayorías rurales.

Pero la pobreza, la angustia, la tensión y la desconfianza creciente que se experimenta en Honduras, nos está llevando a un punto en que tenemos que analizar en profundidad la política que se ha venido siguiendo, e introducir rectificaciones serias y decisivas, orientadas al incremento real de la producción y a la reconquista de la paz interna, sin la cual ningún inversionista -nacional o extranjero- colocará un centavo en el país.

Primero que todo, hay que imponer el respeto a la Constitución y demás leyes relacionadas con el orden público y la seguridad jurídica de los ciudadanos. En segundo lugar, hay que mostrar a los partidarios del desorden que con sus técnicas de coacción no obtendrán lo que buscan; y, finalmente, hay que elaborar una nueva ley de reforma no agraria sino agrícola, que fomente la propiedad privada en el campo y propicie la inversión productiva en grandes fincas y plantaciones, que son las únicas que pueden servir de base al desarrollo agroindustrial.

Y todas esas medidas deben adoptarse a la brevedad posible. Dejarlas para un indefinido "después" puede dar pie a que la economía se derrumbe y el sistema democrático se desplome, bajo la presión de quienes se resisten (sabe Dios por qué motivos) a vivir en paz dentro del imperio de la libertad y la ley…

La Prensa/22 de mayo de 1987
Destituyen gerente de Ferrocarril

TEGUCIGALPA-- El presidente José Azcona Hoyo ha tomado la decisión de separar de sus cargos a los gerentes de la Empresa Nacional Portuaria (ENP), Jorge Epaminondas Craniotis, y del Ferrocarril Nacional, Pablo Romero, a petición de las organizaciones sindicales de esas empresas.

El mandatario solucionó de esa forma los problemas laborales que existían tanto en la ENP como en el Ferrocarril Nacional, en una prolongada reunión que sostuvo con los dirigentes sindicales y los ministros de Trabajo, Adalberto Discua Rodríguez, Economía, Reginaldo Panting; SECOPT Juan Fernando López.

En la reunión, que inició desde tempranas horas de la noche del miércoles y culminó a las 5 de la mañana de ayer, el presidente Azcona cedió también ante los sindicalistas a la destitución de 3 funcionarios más de la ENP.

Los sindicatos de la ENP y del Ferrocarril Nacional estaban a punto de irse a un paro de labores, en vista de que los gerentes de estas empresas estatales estaban violando constantemente los contratos colectivos.

La destitución de Craniotis se habría producido también por mantener "paracaidistas" dentro de la ENP, como lo ha venido denunciando el sindicato de esa empresa.

Se informó, que el presidente Azcona dio "amplios poderes" a una comisión que integró para que investigue y destituya a los empleados de la ENP que no trabajan y reciben sueldos.

La comisión está integrada por los ministros Adalberto Discua, Reginaldo Panting y Juan Fernando López, y el presidente de la FESITRANH, Francisco Guerrero; el presidente del Sindicato de la ENP y el fiscal de la Confederación de Trabajadores de Honduras. (TDG)

Tiempo/22 de mayo de 1987

AZCONA EN LA PC, CAMBIA AL JEFE DE LOS CUSTODIOS

Por presuntas irregularidades entre los custodios de la Penitenciaria Central (PC) el presidente José Azcona Hoyo ordenó la separación del jefe de resguardo del penal, Efraín Fortín Pavón, y lo sustituyó con el teniente coronel retirado Ovidio Edgardo Mendoza.

El director de la PC, Marco Tulio Mendieta, dijo ayer en conferencia de prensa que fue una sorpresa conocer que el mayor Fortín fue separado.

"Ese lo tramitó directamente el presidente de la República y desconozco por qué fue separado el mayor Fortín, quien durante su gestión aplicó el reglamento penitenciario y su labor fue destacada", dijo.

El director del penal aprovechó además la presencia de los periodistas para refutar una serie de denuncias en torno al destino de los fondos que aportan los internos del sector, denominado "la mora".

Explicó que "la mora" fue establecida hace muchos años para beneficio personal de algunas personas que cobraban a los internos regulares cantidades de dinero, a cambio de comodidades.

"Durante algunos años esos dineros iban a dar a otros bolsillos, pero al asumir yo este cargo me di cuenta que esto era irregular y aunque no podía hacer desaparecer la mora, por lo menos solicitamos a la Contraloría del Estado que mejor se hiciera un control de tales fondos", agregó Mendieta.

Aclaró que a los internos que desean estar en "la mora" se les cobran 200 lempiras por ingreso y 100 ó 50 lempiras mensuales por su estancia allí, "pero eso no cambia su situación pues esos internos están sujetos al reglamento interno como los que están en el recinto general".

OVIDIO EDGARDO

Preciso además que esos dineros recaudados son depositados en una cuenta del Banco de El Ahorro Hondureño para, en su oportunidad, revertirlos en obras de beneficio para los mismos presidiarios.

Finalmente, el mayor retirado Tulio Mendieta negó que haya pagado a periodistas para que callen lo que ocurre dentro del penal, "aquí no se oculta nada, cualquier periodista puede entrar para conocer la situación".

Las denuncias con relación al manejo de los fondos de la PC fueron atribuidas al pasante de Derecho Marco Tulio Trejo, quien se presentó al momento de la conferencia para decirle personalmente al director de la PC, que él, en efecto, había hecho unas apreciaciones subjetivas pero muy alejadas con las que aparecen en los medios de comunicación.

MARCO TULIO MENDIETA

La Tribuna/22 de mayo de 1987

[EDITORIAL]

DE NUEVO, LA LEPRA

Nos da la impresión que la lepra de la violencia política retorna a los predios hondureños después de haber sido derrotada en los primeros años de la presente década.

Este nuevo intento tiene sus primeras manifestaciones en la serie de asaltos y actos de terror y muerte que se han registrado en los últimos meses, con sobrada precisión y efectividad.

Recuérdense los recientes asaltos bancarios, los constantes atracos a los vehículos de ventas de grandes compañías comerciales y las bombas explosionadas en los centros urbanos de Tegucigalpa y San Pedro Sula sin una aparente razón.

Igualmente, los asaltos teñidos de sangre en la central del INVA y en tres unidades de transporte colectivo de personas en la zona occidental de la República.

Paralelamente a estos fríos acontecimientos de muerte y despojo las autoridades hondureñas enfrentaron con resolución las columnas guerrilleras que operaban en el litoral atlántico del país, provocándoles bajas, descubriendo sus depósitos de armas y detectando su rastro por crudas montañas que se alzan cerca de centros de trabajo campesino.

Obviamente nos encontramos con un resurgimiento de la actividad subversiva en el país, alimentada por fuerzas extremistas de izquierda radicadas en Nicaragua y Cuba para que cumpla funciones inmediatas dentro del campo político centroamericano en donde convergen poderosos intereses internacionales.

Todos estos acontecimientos se suceden dentro de una atmósfera nacional compuesta por una conciencia popular inclinada hacia soluciones de problemas vinculados con la supervivencia, las opciones políticas de los autoproclamados candidatos a la Presidencia de la República y al interés por el desarrollo de fenómenos políticos que viven actualmente otras sociedades y que en términos de política tienen relación con la vida institucional de Honduras.

En todo caso, manifestamos confianza. Casi estamos en el punto de sostener a pie juntillas que el trote del jinete de la violencia es una invención más, por cuanto, en Honduras, no existen condiciones sociales, mucho menos políticas, para que la lucha desestabilizadora de la subversión marxista se dé.

Este problema no deja de ser preocupante en función de la seguridad de la Nación hondureña y de sus instituciones políticas democráticas, aun y cuando estemos convencidos que los hondureños repudiamos toda forma de violencia para dirimir nuestras diferencias, que los hondureños creemos por convicción en el pensamiento pluralista, en el profundo respeto que se debe guardar hacia el derecho de escoger libremente a los ciudadanos que han de gobernarnos y un fervor hacia otras libertades públicas como la de informarse e informar, de religión y locomoción.

Contrario a nuestros sentimientos o creencias sí existen en el país movimientos subversivos que operan en la clandestinidad con la finalidad de cumplir su papel desestabilizador del régimen democrático para levantar sobre sus cenizas el aparato marxista-leninista. Trabajos previos al advenimiento de la dictadura marxista se han estado realizando en el país para fortalecer las bases de la futura operación revolucionaria amplia y sostenida. Algunos de ellos han quedado grabados en este comentario. Otros sucesos de sangre provocados más recientemente son anunciadores de graves mayores, al plantearse la posibilidad de una seria confrontación entre grupos extremistas hasta derivar en la disolución de la sociedad mediante el odio crudo y cerrado.

Las acciones terroristas, los intentos sangrientos de la lucha subversiva en los primeros años de la presente década, ya han dejado sobre la superficie de la Patria cuerpos victimados de numerosos compatriotas y el luto en los hogares de Honduras.

Es preciso que los hondureños despertemos de este sopor en el que estamos antes de que los problemas de esta índole se sumen catastróficamente a los que ahora nos tienen casi abatidos. Este despertar implica tomar contacto con una realidad que nos quema. Honduras sigue concitándose la enemistad de las fuerzas marxistas por su declarada fe a los principios democráticos y republicanos, a su inquebrantable decisión de que los problemas políticos surgidos en la región sólo pueden tener una solución feliz si todos los gobiernos del área se comprometen a respetar la dignidad y el criterio de sus pueblos, a conservar y cultivar las libertades que postula el régimen liberal.

Centroamérica no puede aspirar a una paz estable mientras en sus cárceles se pudran hombres que ardorosamente han defendido su libertad y la libertad de sus compatriotas, mientras se nieguen opciones de progreso individual y colectivo a sus ciudadanos, mientras miles de hombres, mujeres y niños, sean expulsados o huyan del terror implantado por regímenes usurpadores de la voluntad popular. Realmente no puede haber paz mientras cientos de miles de jóvenes estén siendo reclutados groseramente por los agentes de la subversión para nutrir sus filas y con ese poder derribar los sistemas que como el de Honduras son un serio obstáculo en el cumplimiento de sus misiones dominadoras.

Las instituciones políticas de masas deben prepararse para enfrentar con decisión esta amenaza que se cierne sobre Honduras. Hasta ahora solamente hemos contado con la vigilancia permanente de las fuerzas de seguridad y las Fuerzas Armadas de Honduras para salvaguardar nuestros intereses comunes y al respaldo que ellas han recibido del pueblo hondureño.

El Heraldo/22 de mayo de 1987

Sobre los F-5E/F
EL ASUNTO ES LLEVAR LA CONTRARIA

Moisés de Jesús ULLOA DUARTE

Aunque ya casi nos estamos acostumbrando a la consigna de los que quisieran ver en HONDURAS un régimen como el que actualmente sojuzga a la infortunada Nicaragua, de decir siempre NO a todo lo que se diga, no se diga, se haga o deje de hacer en defensa de nuestro sistema democrático de gobierno y las instituciones republicanas, la verdad es que ya están llegando hasta el fastidio, por no decir algo peor, en su ciega oposición a que la Fuerza Aérea Hondureña adquiera los aviones que necesita para guardar el equilibrio militar en la región, los ya famosos caza-bombarderos F-5E/F.

Ante el empecinado nihilismo de esos señores, que mejor debieran emplear el clásico "nyet" soviético a todo, por todo y contra todo, el propio Comandante en Jefe de las Fuerzas Armadas de HONDURAS, General Humberto Regalado Hernández, se vio obligado a declarar de viva voz por la radio y por todos los medios de comunicación del país, que la adquisición de esos aviones no significa ningún gasto que afecte al presupuesto de la Nación y mucho menos que venga a privar al pueblo hondureño de alimentos, techo, vestuario, salud o educación.

Han declarado en forma oficial los gobiernos de HONDURAS y de los Estados Unidos que "esos aviones son parte del reemplazo que está haciendo la Fuerza Aérea Hondureña de viejos y obsoletos aviones Super Mystere, cuyo deterioro "amenaza el tradicional equilibrio militar en la región".

"El costo estimado de los doce F-5E/F de 150 millones de lempiras, será financiado con fondos del programa de asistencia militar disponibles en el año fiscal 1987 y años siguientes. Estos fondos son ciento por ciento una donación del gobierno de los Estados Unidos".

No son fondos reembolsables, no se trata de un préstamo, no afecta a ningún otro programa de asistencia civil; en pocas palabras, que esperamos sean comprendidas de una buena vez, HONDURAS no tendrá que pagar un tan solo centavo por esos aviones. Es más, su entrega está todavía sujeta a la aprobación del Congreso y del Senado de los Estados Unidos. Si una de las dos Cámaras aprueba el traspaso de esos aviones a la Fuerza Aérea Hondureña, entonces los veremos surcar raudos nuestro espacio. Si las dos instancias se oponen, lo que a estas alturas consideramos improbable, pues entonces sí que no y, para felicidad de los que se oponen a que vengan los avioncitos, lo que veremos en los cielos de HONDURAS será el rápido revoloteo de los helicópteros sandinistas MI-24 Hind, de fabricación soviética, los letales "tanques voladores" lanzando sus cohetes autopropulsados contra nuestras indefensas poblaciones fronterizas, mientras los hondureños les hacemos "tiritos" al aire.

Daniel Ortega gozará de lo lindo y se reirá de nosotros a mandíbula batiente, como seguramente lo está haciendo de aquellos que, por llevar la contraria en HONDURAS, dicen que NO a la adquisición de los F-5E. A esto se le llama, simple y llanamente hacerles el juego a los enemigos de HONDURAS. Nos preguntamos ¿si esa actitud antihondureñista hace felices a esos señores? Si esto es así, pues sus razones tendrán. Nosotros sólo sabemos que esas razones no son las de HONDURAS. En todo caso, esas son las razones de los "comandantes" sandinistas que, por lo visto y oído, tienen a sus mejores aliados aquí en HONDURAS; esos que se oponen, por llevar la contraria, a todo lo que sea conveniente para la defensa y seguridad de la República.

El Heraldo/22 de mayo de 1987

EMPRESA PRODUCTORA DE ACEITE DE PINO INSTALARÁN NORTEAMERICANOS

Una empresa norteamericana a instalarse en Honduras podría exportar a partir del próximo año aceite de pino por valor aproximado de 150 millones de dólares, según informaron sus ejecutivos al presidente José Azcona Hoyo.

Los inversionistas norteamericanos abandonan la Casa de Gobierno tras dialogar con el presidente Azcona Hoyo. A la izquierda, su representante legal en Honduras, Carlos Arturo Meza *(Foto Secretaría de Prensa).*

La empresa norteamericana Intercontinental Trading and Travel Consultants, formada por capital mixto de Estados Unidos y Honduras, instalará en el país una planta extractora de aceite de pino para la exportación.

"Los bosques de pino de Honduras tienen capacidad para producir aceite en grandes cantidades", dijo uno de los inversionistas, Silvio Argüello Cardenal, quien aseguró que la industria daría empleo a dos mil personas.

Añadió que los estudios de factibilidad están por concluirse y que a principios de 1988 se instalará la maquinaria indispensable para echar a andar el proyecto.

"El presidente Azcona le dio una gran acogida a la nueva industria y nos ofreció todo el respaldo de su gobierno", concluyó Argüello.

El Heraldo/22 de mayo de 1987

AZCONA HOYO:
FALSO QUE GOBIERNO INICIARÁ PROGRAMA MASIVO ANTI-NATAL

El presidente José Azcona Hoyo negó ayer que su gobierno pretenda iniciar un programa masivo de control antinatal tal como lo dio a entender el titular de Economía, Reginaldo Panting.

Lo anterior lo refirió el mandatario ante la polémica que se ha originado en diversos sectores, especialmente por el pronunciamiento de la Iglesia Católica, la que, a través del arzobispo capitalino, Monseñor Héctor Enrique Santos, manifestó su rechazo total a dicha medida.

Azcona Hoyo explicó que en el país no se puede impulsar un programa oficial para controlar el crecimiento de población demográfica sin antes ejecutar una campaña educativa para las familias hondureñas.

Azcona Hoyo

"No puede haber control demográfico si no hay educación, es lo básico. Ya el ministro de Salud, Rubén Villeda Bermúdez, explicó que nadie está haciendo un plan de control de la natalidad", agregó.

No obstante, el presidente del Ejecutivo reconoció que el país necesita de una regulación del crecimiento poblacional, pero indicó que de llegarse a ejecutar medidas al respecto sería primero por medio del Ministerio de Educación a fin de que se impulse un programa educacional.

Por otro lado, afirmó que es falso que la Agencia Internacional para el Desarrollo (AID) esté presionando y financiando el supuesto programa tal como dicen algunos sectores, al manifestar que "hasta el momento la AID no me ha propuesta que impulsemos un programa así. Eso no es cierto", enfatizó.

El Heraldo/22 de mayo de 1987

INSTALARÁN PLANTA DE ACEITE DE PINO

Inversionistas norteamericanos y hondureños informaron ayer al presidente José Azcona sobre las gestiones que realizan para instalar en el país una planta de extracción de aceite de pino para la exportación.

Según las proyecciones, los inversionistas estarán en capacidad de exportar anualmente 150 millones de dólares en aceite de pino y darán empleo a por lo menos 2.000 personas.

Silvio Argüello Cardenal, uno de los inversionistas, indicó que los bosques de pino de Honduras tienen capacidad para producir aceite en grandes cantidades.

Indicó que el presidente Azcona le ha dado una gran acogida al proyecto "porque él es un ingeniero de gran capacidad para asimilar toda clase de proyectos y nos ofreció el respaldo del gobierno".

Inversionistas hondureños y norteamericanos abandonan la Casa Presidencial luego de reunirse con el presidente José Azcona. *(Foto Aquiles Andino).*

La nueva industria comenzará a operar a mediados del próximo año.

"En estos momentos se están terminando los estudios de factibilidad y a principios de 1988 se traerá la maquinaria para su instalación". aseguró.

La empresa norteamericana se denomina Intercontinental Trading and Travel Consultants, cuyo representante legal en Honduras es el abogado Carlos Arturo Meza.

La Tribuna/22 de mayo de 1987

¡RESUELTA CRISIS DEL INA!

Campesinos integran con gobierno y FF.AA. comisión que investigará "recuperaciones"
Abogado les "contará las costillas"

Con la participación directa del presidente José Azcona Hoyo y del jefe de las Fuerzas Armadas, general Humberto Regalado Hernández, se resolvió ayer en la casa Presidencial el conflicto agrario.

El mandatario convocó a los dirigentes campesinos a las 11:00 de la mañana para iniciar las deliberaciones, que culminaron cuatro horas más tarde al aceptar los labriegos la propuesta gubernamental de integrar una comisión tripartita para analizar las peticiones campesinas.

La comisión, integrada por representantes del Ejecutivo, Fuerzas Armadas y organizaciones campesinas iniciará la próxima semana su trabajo, al desplazarse a las tierras "recuperadas" por los labradores, con el fin de analizar si son afectables o no.

Otra de las misiones encomendadas a la comisión es analizar la situación de mora de los distintos grupos campesinos con el Banco Nacional de Desarrollo Agrícola (BANADESA).

La reunión de ayer en la Casa Presidencial, en la que se resolvió la crisis INA-campesinos. **(Foto de Orlando Sierra).**

Asimismo, el presidente Azcona Hoyo se comprometió a nombrar al abogado Armando Blanco Paniagua para que revise los expedientes de los campesinos que guardan cárcel por conflictos agrarios. El mandatario se salió con la suya al no aceptar el punto número uno de las peticiones de los campesinos, o sea la destitución del director ejecutivo del Instituto Nacional Agrario, Mario Espinal.

En la reunión participaron aparte del presidente y el jefe de las Fuerzas Armadas, los dirigentes campesinos Nelly Ramírez, por FECORAH, Víctor Inocencio Peralta, por UNC, Rafael Alegría, por CNTC, Inés Murillo, por ACAN y Andrés Víctor Artiles por la CTH. También el ministro de Recursos Naturales, Rodrigo Castillo, y el director del INA, Mario Espinal.

La Tribuna / 23 de mayo de 1987

LA COMISIÓN TRIPARTITA

ACUERDO No. 083-87

El Presidente Constitucional de la República, para atender la entrega de tierras como plan emergente solicitado por las organizaciones campesinas,

ACUERDA:

1- Nombrar una comisión integrada por las personas siguientes: profesor Rodrigo Castillo Aguilar, ministro de Recursos Naturales, o su representante ingeniero Mario Espinal Zelaya, director ejecutive del Instituto Nacional Agrario, o su representante, coronel Manuel Enrique Suárez Benavides y coronel Carlos Obdulio Reyes Barahona, por las Fuerzas Armadas, y abogado Armando Blanco Paniagua, asesor legal del Presidente Constitucional de la República.

Por las organizaciones campesinas: ANACH: Luis German Lagos (propietario), Juan Francisco Vásquez (suplente). FECORAH: Benjamín Garmendia (propietario), José Nahún Cálix (suplente). ACAN: Inés Fuentes (propietario), Hernán Medina (suplente). UNC: Santos Aquileo Álvarez (propietario), Marco Antonio Reyes (suplente). C.N.T.C.: Luciano Barrera (propietario), Teófilo Trejo (suplente).

COMUNÍQUESE:

JOSÉ S. AZCONA H
Presidente

El Secretario de Estado en el Despacho de la Presidencia, CELEO ARIAS MONCADA.

La Tribuna/23 de mayo de 1987

ESTAMOS COGIDOS DE LAS MANOS: REGALADO

Satisfecho quedó el jefe de las Fuerzas Armadas, general Humberto Regalado Hernández, por el arreglo a que se llegó con el movimiento para solucionar el conflicto en el agro.

"Estamos muy alegres por el entendimiento a que llegó el gobierno con la clase campesina", manifestó el jefe militar al momento de abandonar la Casa Presidencial luego de finalizar la reunión.

Agregó que se va satisfecho a Israel porque el problema queda resuelto.

El general Regalado Hernández participó en la reunión a petición del presidente José Azcona Hoyo y fue acompañado del jefe del Estado Mayor, coronel Leonel Gutiérrez Minera, y el comandante de la Base Naval, Carlos Reyes Barahona.

"Ahora todo está arreglado, todos salimos cogidos de las manos", dijo finalmente el general Regalado.

La Tribuna/23 de mayo de 1987

MOLESTO EL PRESIDENTE PORQUE SUS MINISTROS RENUNCIARON A CRANIOTIS

"Hubo un poco de intimidación", revela

El presidente José Azcona confirmó que el gerente general de la Empresa Nacional Portuaria (ENP). Jorge Epaminondas Craniotis, interpuso su renuncia al cargo.

El sindicato de trabajadores de la ENP desde hace varios meses venía presionando con una huelga general si el mandatario no procedía a la destitución de Craniotis.

En declaraciones ayer, el gobernante informó que se había conformado una comisión para conocer las denuncias de los sindicalistas, las cuales no estaban contempladas en el acta que se firmó con los representantes del sindicato, el jueves en la madrugada.

La comisión oficial la integraron los titulares de Economía, Reginaldo Panting, Comunicaciones, Juan Fernando López y el viceministro del Trabajo, Neptalí Montoya.

Reveló Azcona que "hubo un poco de intimidación por parte de la comisión y le solicitaron la renuncia al gerente de la Portuaria".

El presidente no ocultó su malestar por la decisión de la comisión gubernamental de solicitarle la renuncia a Craniotis y a otros tres ejecutivos de ENP.

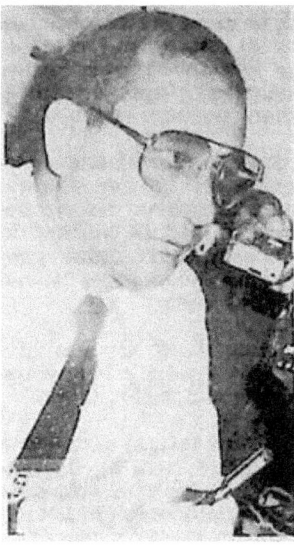

JORGE CRANIOTIS

"Ya me estoy cansando que me pongan entre la pared -dijo-. En este país cualquier sindicato de una institución descentralizada porque se le antoja pide la cabeza de un gerente, o cualquier grupo pide lo que quiere. El gobierno tiene que darles o si no amenazan con huelga. Eso tiene que terminar", enfatizó el gobernante.

Asimismo, el presidente informó que a Craniotis le ofreció otro alto cargo y solo está a la espera de que lo acepte.

La Tribuna/23 de mayo de 1987

MEJOR RENUNCIABA AZCONA QUE DESPEDIR A ESPINAL

No destituirá un ejecutivo más, advirtió ayer

El presidente José Azcona Hoyo ratificó su decisión de sostener en la dirección ejecutiva del Instituto Nacional Agrario (INA), al ingeniero Mario Espinal.

El mandatario, en una improvisada conferencia de prensa ayer en la sede del Ejecutivo, asumió toda la responsabilidad de su actitud y señaló que no era Espinal quien se resistía a renunciar, porque varias veces le dijo que la tenía lista. "Es el presidente de la República quien tiene toda la confianza en Mario Espinal, en su capacidad, su honestidad y su laboriosidad", dijo Azcona.

El presidente se preguntó: "¿por qué se va a cometer una injusticia cuando el ingeniero Espinal es un profesional hondureño que tiene derecho a trabajar y no ha cometido ningún acto de deshonestidad?".

Agregó: "quiero que sepa el pueblo hondureño: soy yo quien no quiere destituir a Mario Espinal, aunque me ponga la renuncia, prefiero irme de la Casa Presidencial antes que acceder a un acto de cobardía".

Azcona Hoyo, quien advirtió que "no voy a despedir a un ejecutivo mío", no ocultó ante los comunicadores sociales que cubren esa fuente informativa su enojo por los últimos acontecimientos en el campo nacional, especialmente en el agro.

JOSE AZCONA

La Tribuna/23 de mayo de 1987

ESPINAL SE QUEDA POR SU CAPACIDAD

COMUNICADO DE PRENSA

El presidente José Azcona en ningún momento ha considerado el motivo de la amistad personal para sostener en la Dirección del Instituto Nacional Agrario al ingeniero Mario Espinal, como a ninguno de los otros funcionarios de su administración.

El director del INA ha demostrado fehacientemente, en todas las reuniones que se han llevado a cabo para tratar el asunto agrario, que es un funcionario capaz, honesto y responsable, que ha puesto orden y objetividad en el desarrollo de la Reforma Agraria.

Ha evitado la burocracia excesiva y ha puesto en marcha varios operativos agrarios directamente con los grupos campesinos, en diferentes puntos del país.

En ningún momento se le ha demostrado deficiencia ni falta de honradez ni falta de voluntad para llevar adelante el proceso agrario, que es muy completo y requiere tiempo, esfuerzo y dinero, para poder ejecutarlo a niveles razonables.

Además, tiene programas diseñados para incentivar la producción en el campo y ha distribuido más tierra que ningún otro gobierno en el mismo tiempo.

Es importante señalar que estamos recibiendo pronunciamientos de solidaridad con el presidente Azcona, de parte del campesinado propiamente dicho, que se ve envuelto en este problema sin haber sido consultado en sus bases.

Tegucigalpa, D.C., 22 de mayo 1987

SECRETARIA DE PRENSA DE LA PRESIDENCIA DE LA REPUBLICA

La Tribuna/23 de mayo de 1987

[Campo Pagado]
CARTA PUBLICA
DE LOS TRABAJADORES DE LA HACIENDA SAN ANTONIO EN EL MUNICIPIO DE SAN JERÓNIMO, COMAYAGUA

Excelentísimo señor Presidente
Constitucional de la República
Su Despacho

Nosotros, los abajo firmantes, trabajadores de la Hacienda San Antonio, propiedad de doña Nicolasa Alvarado v. de Gastel hacemos del conocimiento público que el día 25 de abril del presente la hacienda, que es nuestro centro de trabajo, fue asaltada por una pandilla de ladrones armados de pistolas y machetes, nos sometieron y nos obligaron a abandonar nuestra única fuente de trabajo no sin antes despojarnos de nuestras pocas pertenencias consistentes en herramientas de trabajo, animales domésticos (gallinas y cerdos) que nosotros poseíamos en la hacienda. Tenemos varios años de trabajo en esta hacienda sin faltarnos nunca nuestro salario con el cual mantenemos a nuestras familias y hoy vemos amenazado nuestro futuro porque de no parar estos asaltos nos quedaremos si un trabajo honrado y seguro.

Nosotros deseamos mantener nuestro trabajo permanente y no convertirnos en una carga para el Estado, nosotros no queremos convertirnos en invasores de propiedades ajenas, ya que eso es lo que persiguen los agitadores de oficio que hoy están destruyendo las pocas fuentes de trabajo que existen en el campo.

Nosotros pertenecemos al municipio de San Jerónimo de Comayagua y en años anteriores estos mismos sujetos nos arrebataron otra fuente de trabajo, la Hacienda Maniani, donde trabajamos todos y hacíamos producir la tierra cultivando tabaco, arroz, maíz, cacahuate, caña y otros productos que generaban ingresos para todos y para la misma municipalidad que hoy está viendo la merma de ingresos por conceptos de impuestos que esta hacienda generaba.

Estos asaltantes ni siquiera pertenecen a este municipio por lo que esta vez estamos dispuestos a defender nuestro trabajo y si es posible a recuperar Maniani a como dé lugar, ya que pertenece a este municipio y los pobladores de este municipio que son honrados y trabajadores no ven con agrado las atrocidades que están cometiendo estos individuos disfrazados de campesinos. Pedimos a las autoridades civiles y militares y en especial al señor presidente Azcona y al director del INA que hagan algo por solucionar estos desmanes, porque antes de engrosar el ejército de desempleados preferimos luchar hasta las últimas consecuencias por mantener nuestros trabajos.

Nosotros también somos campesinos asalariados y merecemos respeto.

POR LA UNIDAD DEL PUEBLO HONDUREÑO

San Jerónimo, 1 de mayo de 1987

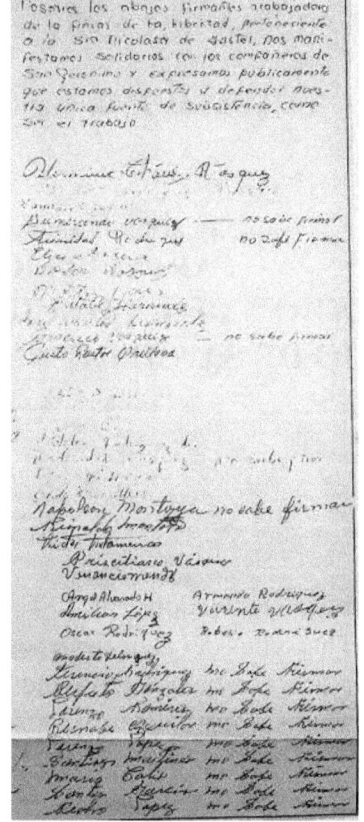

La Tribuna/23 de mayo de 1987

AUNQUE ESPINAL PONGA SU RENUNCIA NO SERÁ ACEPTADA POR AZCONA

TEGUCIGALPA. - Aunque Mario Espinal, director ejecutivo del Instituto Nacional Agrario (INA) presente su renuncia, ésta no será aceptada por el presidente de la República José Azcona dado que es un funcionario que está cumpliendo con sus funciones.

Estas apreciaciones fueron externadas ayer por el gobernante Azcona Hoyo, minutos antes de reunirse con los dirigentes campesinos y reiteró que pese a que éstos insistan en que se separe el conductor del INA "no lo haré porque no ha cometido ningún acto de deshonestidad y ha demostrado que está trabajando".

"Espinal no va a salir del INA porque yo no voy a firmar un acuerdo de destitución, remarcó el mandatario tras asegurar que es el presidente de la república quien no quiere destituirle.

Anunció que se procederá a reformar la ley antiterrorista en la parte que corresponde a recuperaciones de tierras porque hay algunos artículos que tipifican actos agrarios como sinónimo de terrorismo, esta legislación fue elaborada en la administración del doctor Roberto Suazo Córdova.

Para trabajar en la modificación fue nombrado el abogado Armando Blanco Paniagua quien se reunirá con la dirigencia de agrupaciones campesinas, para elaborar un anteproyecto de reformas que posteriormente será introducido al Congreso Nacional para su discusión y aprobación.

Paniagua también gestionará ante la Corte Suprema de Justicia a fin de lograr la libertad de muchos campesinos que se encuentran guardando prisión acusados por terratenientes de invasión de predios.

Lo anterior es parte del resultado de las negociaciones que tuvo el mandatario con dirigentes de la Unión Nacional de Campesinos (UNC), que ha estado al margen de los últimos problemas agrarios.

La Prensa/23 de mayo de 1987

SUMINISTRO DE ARMAS PODRÍA CONCRETAR AZCONA EN ISRAEL

***El presidente inicia mañana su gira de 14 días por tres países.*

Honduras podría adquirir nuevo armamento en Israel como consecuencia de la visita que hará a ese estado el presidente José Azcona Hoyo, quien sale mañana del país en una gira que se prolongará por espacio de 14 días.

El presidente Azcona concedió la semana pasada una entrevista a un diario de Jerusalén, en la que no descartó que durante su visita se concreten acuerdos para el suministro de armas a las Fuerzas Armadas.

Sin embargo, dijo Azcona al periodista judío, no le puedo dar detalles sobre el particular porque eso compete a las Fuerzas Armadas, cuyo comandante, general Humberto Regalado Hernández, forma parte de la delegación que me acompañará.

La visita a Israel fue confirmada ayer tarde en la Casa de Gobierno por el general Regalado al término de las negociaciones con las centrales campesinas que permitieron ponerle fin a la convulsión social que amenazaba con posponer el viaje.

Israel es un estado de unas ocho mil millas cuadradas que cuenta con una población de 4,5 millones de habitantes Su economía es inyectada por Estados Unidos con créditos y donaciones superiores a los dos mil 500 millones de dólares anuales.

El presidente Azcona pernoctará mañana en Houston, Estados Unidos, y posteriormente viajará a Holanda, donde espera concretar otros acuerdos de asistencia técnica y económica y visitar la Corte Internacional de Justicia donde se ventila el diferendo fronterizo con El Salvador y la demanda interpuesta por Nicaragua contra el gobierno de Honduras por su colaboración con la contra nicaragüense.

El Heraldo/23 de mayo de 1987

Editorial
EL VIAJE DEL PRESIDENTE A ISRAEL Y HOLANDA

Mañana parte hacia Holanda e Israel el presidente de la República, ingeniero José Simón Azcona del Hoyo, quien permanecerá en el viejo mundo aproximadamente catorce días.

La comitiva presidencial la integran el designado Jaime Rosenthal Oliva, el jefe de las Fuerzas Armadas, general Humberto Regalado Hernández, el ministro de Relaciones Exteriores, Carlos López Contreras, el jefe del Departamento de Política Exterior de la Cancillería, Roberto Flores Bermúdez, con sus respectivas esposas, entre otros.

Entendemos que la visita del presidente Azcona a Holanda es privada y, por lo tanto, estará desprovista de los honores oficiales. El objetivo, al parecer, es el de visitar la Corte Internacional de Justicia, en donde se instalará el 1 de junio próximo la sala encargada del caso limítrofe entre Honduras y El Salvador, de acuerdo con el tratado general de paz firmado en 1980.

También se ventila en este alto tribunal de justicia la demanda de Nicaragua contra Honduras por daños y perjuicios a causa de los "Contras" nicaragüenses campados en Honduras, desde donde agreden al régimen revolucionario de aquel país.

La visita a Israel, en cambio, es oficial y fue planeada desde hace bastante tiempo. El presidente Azcona se entrevistará con los más altos dignatarios israelíes, y se supone que el general Regalado Hernández hará lo propio con altos jefes militares.

Con ocasión de esa visita a Israel, será firmado un acuerdo de asistencia técnica y económica, ampliando el convenio de asistencia técnica entre Honduras e Israel de 1967. También se suscribirá otro convenio, de cooperación turística, como marco para la implementación de proyectos de turismo y asistencia de agencias de viajes en "paquetes" de turistas.

La cooperación de Israel en Honduras es muy importante, y ha tenido un impacto positivo para nosotros. Desde hace muchos años al gobierno israelí ha desarrollado en nuestro país varios proyectos, principalmente en el agro, no sólo para mejorar los sistemas de riego, sino en la producción de alimentos. Asimismo, ha cooperado en proyectos de vías de comunicación.

También es sabido que Israel ha dado cooperación a Honduras en el ramo militar, en entrenamiento y provisión de armamentos. En buena medida, esta asistencia ha permitido la profesionalización de las Fuerzas Armadas hondureñas. Es posible que se amplíe tal cooperación, aunque no hay informes públicos en este aspecto.

Una característica de la cooperación económica, técnica y militar de Israel a Honduras es la de no crear ataduras, o dependencia de nuestro país, como sucede con otros países. Israel actúa con amplitud y comprensión de los problemas de los países de esta región, y hace lo apropiado para darles un respaldo que, antes bien, sirva para una mayor independencia a través del desarrollo económico y técnico.

El viaje del Presidente de Honduras a Europa y el Oriente Medio es, en cierto modo, histórico. Es la primera vez que un gobernante hondureño en funciones viaja a estos continentes.

En estos tiempos de diplomacia directa, los mandatarios de todos los países, pero principalmente los del mundo subdesarrollado, necesitan actuar personalmente en busca de cooperación de todo tipo para el desarrollo económico y social.

La situación conflictiva existente en América Central y la crisis en que se debate el istmo por razones económicas y sociales, ha impulsado a los presidentes de esta región a ir a Europa y otras partes del mundo.

Así hemos visto cómo, en los últimos días estuvieron en Europa el presidente Vinicio Cerezo, de Guatemala, y el presidente Oscar Arias, de Costa Rica. Al parecer los resultados de estas visitas -ampliamente informadas por los medios de comunicación mundiales- han sido de mucho provecho para estos países hermanos, que se han visto estimulados con calurosos recibimientos y honores oficiales.

Es seguro que el presidente Azcona tendrá, también, éxito en su gira. Antes de salir hacia allá, ha tenido que resolver ingentes problemas, cuya acumulación los había vuelto explosivos. De manera que va ahora aligerado de preocupaciones, lo cual nos complace.

Buen viaje, señor Presidente, y que su visita traiga múltiples beneficios para Honduras.

Tiempo/23 de mayo de 1987

"PREFIERO IRME DE LA PRESIDENCIAL QUE ACCEDER A ACTOS DE COBARDÍA"

TEGUCIGALPA. - El presidente José Azcona declaró ayer que prefiere irse de casa presidencial que "acceder a actos de cobardía", y anunció que por presiones de sindicatos no volverá a despedir a ningún gerente de determinada institución descentralizada.

El gobernante se refirió al reciente despido de los gerentes generales de la Empresa Nacional Portuaria y del Ferrocarril Nacional.

Azcona reveló que la comisión que fue nombrada para investigar las denuncias del sindicato contra el gerente de la ENP, Jorge Craniotis actuó con "un poco de intimidación" y le pidieron la renuncia al funcionario.

Anunció que Craniotis pasará a ocupar "otro al alto cargo con el gobierno" pero todo dependerá si el exgerente general acepta la oferta que se le hizo la noche del jueves.

Dijo que de ahora en adelante tendrá que tener mucho cuidado en la toma de decisiones de los gerentes de instituciones descentralizadas, máxime cuando los problemas tienen su origen en las relaciones con los sindicatos.

"El que un gerente tenga buenas o malas relaciones con los sindicatos, son cuestiones de carácter que no son suficientes causas para despedir a ejecutivos", subrayó Azcona.

"Yo no ver a despedir a ningún ejecutivo más, prefiero irme de casa presidencial a acceder a actos de cobardía y eso que lo sepa el pueblo hondureño", afirmó en torno enérgico. Sobre la destitución del principal funcionario de la Portuaria, la Secretaría de Prensa emitió un comunicado ayer el cual entre otras cosas sostiene que "el Presidente de la República, en ningún momento solicitó la renuncia del ingeniero Jorge E. Craniotis" y luego agrega que "en el acuerdo suscrito entre los representantes del gobierno, la CTH, FESITRANH Y ENP en primeras horas de la mañana del jueves no se acordó en ningún punto la destitución del funcionario".

José Azcona Hoyo

La Prensa/23 de mayo de 1987

EL PRESIDENTE FUE EL MEJOR ALIADO DEL DIRECTOR DEL INA

TEGUCIGALPA. - (Roy Arthurs). - El director ejecutivo del Instituto Nacional Agrario Mario Espinal, tuvo en el presidente José Azcona Hoyo a su mejor aliado para resistir las presiones de las organizaciones campesinas que reclamaban su destitución.

El propio gobernante reafirmó antes de la reunión donde al final se llegó a un acuerdo que "prefiero dejar el cargo" antes de someterse a presiones para que despidiera a cualquiera de sus funcionarios.

Calmada la tormenta que a ratos puso a Espinal en la cuerda floja, el ratificado titular del INA informó que el próximo paso será responsabilidad de una comisión especial que investigará la situación global para después ejecutar un programa de afectados a corto plazo.

En relación a la asistencia crediticia anunció que la semana entrante se realizará una cita con representantes de las dependencias estatales involucradas en la materia, establecer un mecanismo mediante el cual los grupos campesinos morosos pueden convertirse nuevamente en beneficiarios de créditos.

Espinal considera los extremos señalados como capitales para que la normalidad vuelva al campo, destacando a la vez que la intervención de la Unión Nacional de Campesinos fue importante para superar el problema.

Para el titular del INA no existe la posibilidad de un nuevo enfriamiento de las relaciones entre el sector reformado y las autoridades de la institución, "al menos a corto plazo porque creemos que todos actuamos de buena fe", confió.

Anunció que cuando Azcona Hoyo retorne de Israel convocará a todos los representantes campesinos para discutir el proyecto que tiene el gobierno de impulsar de una vez por todas el proceso agrario.

"Los mecanismos para aplicar el programa ya están elaborados y son conocidos por las organizaciones campesinas restando únicamente la revisión de los mismos para evitar cualquier tipo de problemas", añadió.

La Prensa/23 de mayo de 1987

GOBIERNO Y CAMPESINOS LOGRAN ACUERDO

TEGUCIGALPA. - (Por José Danilo Izaguirre). - El problema presentado con la toma de las oficinas del INA y la invasión de tierras que inició el miércoles fue solucionado luego de la determinación del gobierno de mejorar las condiciones de los campesinos.

El Presidente de la República y el jefe de las Fuerzas Armadas fueron factor determinante para poner fin al conflicto generado por los campesinos.

Los labriegos fueron invitados por el mandatario a solucionar el problema, pero mantuvo su posición de la continuidad de Mario Espinal como director del Instituto Nacional Agrario (INA).

Las partes en controversia firmaron un acuerdo que mejorará las condiciones de los campesinos que reclaman tierras para el cultivo y condiciones crediticias que les permitan contribuir al desarrollo de la economía nacional.

La entrega de tierras mediante un programa de emergencia sirvió de marco para llegar a un entendimiento, por lo que el gobernante juntamente con el director del INA y el ministro de Recursos Naturales, Rodrigo Castillo Aguilar, se comprometieron a desarrollarlo a corto plazo.

La entrega de tierras iniciará a partir del lunes a petición de los dirigentes campesinos que dejan un tiempo para informar a las bases de las decisiones tomadas.

La reactivación de créditos a los campesinos morosos con el Banco Nacional de Desarrollo Agrícola (BANADESA), fue otro de los logros alcanzados.

En ese sentido el director del INA se reuniría con el presidente de BANADESA Armando Erazo, para renegociar las condiciones en que los campesinos obtendrán nuevos créditos.

Los campesinos que ocupan tierras tanto del Estado como privadas, deben entender que de momento se tomará en consideración los precios que no son obstáculo para su entrega, pero de lo contrario se les buscará una reubicación a corto plazo.

Con esas condiciones los dirigentes campesinos aceptaron que continúe Espinal en su cargo, con la esperanza de que a partir de este acuerdo se ponga en marcha el programa de tierras y créditos.

Además, fue designado el abogado Armando Blanco Paniagua, asesor legal del presidente Azcona, para que se convierta en el apoderado legal de los campesinos que se encuentran presos.

El gobierno se comprometió a que los campesinos presos logren su libertad en el menor tiempo posible enmarcado desde luego en el respeto a las leyes nacionales. Las partes en controversia acordaron firmar un documento donde se designó a miembros de las Fuerzas Armadas, gobierno y dirigentes campesinos, para que de inmediato se pongan de acuerdo para la dotación de tierras a los compatriotas del campo, mediante el plan de emergencia.

La comisión la integran Rodrigo Castillo Aguilar, ministro de Recursos Naturales, Mario Espinal, director del INA, o algún representante que estos funcionarios designen. Los coroneles Suárez Benavidez y Reyes Barahona, en representación de las Fuerzas Armadas, quienes tienen amplios poderes para canalizar la entrega de tierras enmarcadas dentro de la ley agraria.

Por las organizaciones campesinas fueron nombrados Luis Lagos, Francisco Vásquez, Benjamín Garmendia, José Nahún Cálix, Inés Fuentes, Hernán Medina, Santos Álvarez, Marco Antonio Reyes, Luciano Barrera y Teófilo Trejo.

Reunión del presidente con dirigentes campesinos y el jefe de las Fuerzas Armadas. *(Foto de Aulberto Salinas).*

La Prensa/23 de mayo de 1987

[Miguel Ángel Fúnez]
AZCONA PIDE VISTO BUENO A EMBAJADA

En los últimos años de esta década, pareciera que las agencias financieras y la embajada norteamericana han condicionado más nuestro comportamiento, afirmó el expresidente del colegio de Economistas de Honduras, Miguel Ángel Fúnez.

Precisó que estamos ahora como señalaba en sus novelas Ramón Amaya Amador, "hablando como gringos y escupiendo como tales", y es que la penetración norteamericana no es sólo económica, es también política, militar, religiosa, cultural, etcétera".

Por ello no extraña que el presidente José Azcona, acusó, antes de dirigirse al Congreso Nacional, lo haga a la Embajada norteamericana para informarle cómo espera ejecutar las medidas económicas de los próximos años, casi esperando el visto bueno de ésta, porque por algo "somos aliados de Estados Unidos".

Quizá por esta última razón, dijo, de considerarse "aliados", o porque nos consideramos el traspatio de Estados Unidos, es que pareciera que el gobierno no sigue los lineamientos del FMI en todas sus manifestaciones, porque además el gobierno norteamericano ha otorgado frecuentes transferencias para mitigar los efectos de las brechas.

A lo mejor por esa misma razón hay cierta insolvencia en el pago de la deuda y no existe el propósito de mantenerse en la ronda de negociaciones con la banca privada internacional, agregando que parece que nuestro país tiene una condición sui géneris, que es la que quiere dar Estados Unidos en tanto desea desestabilizar o invadir al vecino país.

Sin embargo, concluyó, esta situación no parece que persista mucho tiempo, ya que en el interior de Estados Unidos parece que soplan nuevos vientos discutiendo la ayuda a los contras y las posibilidades de mayores créditos y transferencias para Honduras.

Para entonces las condiciones económicas se agravarán, pronosticó, y quizá en ese momento haya interés en discutir al interior de nuestro país, nuevas estrategias y nuevos modelos de desarrollo.

La Tribuna/25 de mayo de 1987

A que compruebe torturas:
Obispo Santos emplaza al presidente Azcona

***Sus denuncias, dice el prelado, son serias*

El obispo de Santa Rosa de Copan, Luis Alfonso Santos, emplazó al presidente José Azcona a que compruebe personalmente si en aquella diócesis no se violentan las garantías constitucionales, tal como aseveró el mandatario el lunes anterior refiriéndose al comunicado emitido por aquella sede episcopal la semana anterior.

De acuerdo a este documento en las parroquias de Camasca, jurisdicción de Colomoncagua, Intibucá, Gracias, Lempira, y Santa Bárbara se dieron a conocer casos de vejámenes cometidos por agentes de la Dirección Nacional de Investigaciones y miembros del ejército contra personas de esas comunidades.

El prelado aseveró que el comunicado, revestido de la misma seriedad que ha caracterizado a los pronunciamientos anteriores, contiene información fidedigna y, en lo personal, se molestó mucho por las declaraciones que el presidente Azcona dio y que fueron publicadas el lunes anterior.

En ellas el presidente negaba que hubiese tales violaciones al asegurar que en su gobierno no se cometen pues se respetan las garantías constitucionales.

"Esto implica pues, que no se le da seriedad alguna al comunicado de la diócesis de Santa Rosa de Copán. Quiero aclarar que cuando la Iglesia, en cualquiera de sus partes, que llamamos diócesis, se pronuncia, lo hace después de examinar muy bien las cosas, teniendo las pruebas y con la serenidad y la parsimonia que nuestra condición de Iglesia amerita y el respeto a la ciudadanía hondureña", dijo el obispo.

"Yo quisiera que el señor presidente de la República se informara personalmente de los casos de tortura que ha habido en las celdas de la Dirección Nacional de Investigaciones, como también de otros crímenes cometidos por otros cuerpos de seguridad del Estado, para que compruebe la veracidad de lo que estamos diciendo.

Después de comprobarlo. creo que estaría de acuerdo con nosotros en afirmar que sí se han violado las garantías constitucionales en los casos que hemos denunciado", agregó Santos.

El obispo copaneco hizo la salvedad que tal denuncia y excitativa la hizo motivado únicamente por la preocupación del pastor de la Iglesia denunciar a tiempo estos casos de violencia, ejercida por la autoridad constituida, para que no se descomponga más el panorama social "en esta especie de locura que ha entrado en estos días, con tantos asesinatos y muchas otras cosas que se ven a diario".

Subrayó, finalmente, que si no se pone fin a ello las perspectivas indican que en los próximos años la situación podría agravarse para sufrimiento de muchas más familias.

La Tribuna/23 de mayo de 1987

HONDURAS Y EL SALVADOR ULTIMAN DETALLES DEL LITIGIO EN LA HAYA

El canciller salvadoreño, Ricardo Acevedo Peralta, ultimó ayer detalles con su homólogo hondureño, Carlos López Contreras, sobre los mecanismos de consulta, plazos y otros procedimientos que se usarán durante el litigio que se ventilará en La Haya para definir la frontera entre ambos países.

El jefe de la diplomacia cuzcatleca afirmó que lo importante es haber llegado a un acuerdo completo, sin alterar las bases sobre las que descansa el procedimiento general y que todo marcha conforme el compromiso y a lo establecido en el Tratado General de Paz, asignado en Lima, Perú, el 30 de octubre de 1980.

Luego de cumplirse los pasos pertinentes de parte de ambos gobiernos, el 7 de mayo pasado ese tribunal integró la Sala Especial que conocerá del proceso, nombrando tres jueces, mientras que Honduras seleccionó al jurista francés Michele Virally y El Salvador al griego Nicolás Valtikos.

Esta Sala Especial iniciará sus funciones en los próximos días.

En cuanto a la posición salvadoreña en caso que el fallo favorezca a Honduras, Acevedo Peralta remarcó que su país, "como le ha demostrado a Honduras, casi siempre en los últimos años, está tomando con verdadera seriedad sus obligaciones contractuales, sobre todo las que emanan del Tratado de Paz. Así que pueden estar seguros de que cualquiera que sea la resolución de la sentencia que se obtenga en la Sala Especial de la Corte la acatará en todos y cada uno de sus términos".

Subrayó que el problema no se resolvió durante el plazo fijado (5 años) en el Tratado General "debido a los muchos problemas de tipo político y de mecánica. Se hizo un esfuerzo grande, pero El Salvador tenía gobiernos de facto y con poca capacidad institucional para tomar decisiones de tanta trascendencia que requerían de una legitimidad popular, que sólo da la democracia".

Asimismo, hubo otros problemas, como el de tiempo, pues el margen fijado era muy corto para resolver un diferendo de tanta importancia.

La Tribuna/23 de mayo de 1987

ANUNCIAN EN HOLANDA LA VISITA DE AZCONA

LA HAYA, mayo 22 (AFP). El presidente de Honduras, José Azcona Hoyo, efectuará una visita privada a Holanda del 25 al 27 de mayo próximos, indicó hoy un vocero de la Embajada de Honduras en La Haya.

El vocero precisó que el jefe de Estado hondureño se entrevistará con el ministro holandés de la Cooperación y el Desarrollo, Piet Bukman, y visitará la Corte Internacional de Justicia (CIJ) en La Haya.

Después de su visita a Holanda, el presidente hondureño se trasladará a Israel, indicó la Embajada de Honduras.

La CIJ, instancia jurídica más importante de las Naciones Unidas, examina actualmente dos casos en los cuales está implicada Honduras.

Uno de los casos tiene que ver con un diferendo terrestre, insular y marítimo con su vecino de El Salvador, estudiado por una cámara especial de cinco jueces.

El otro está relacionado con una querella de Nicaragua dirigida a la vez contra Honduras y Costa Rica.

La Tribuna/23 de mayo de 1987

Presidencia en manos de Pineda Gómez

TEGUCIGALPA. -(Por Faustino Ordóñez Baca). -Por sexta vez consecutiva asumió hoy interinamente la Presidencia de la República, el designado José Pineda Gómez, un veterano abogado que a sus 84 años destina todo su salario para mantener a los 22 parientes que viven en su casa en los altos del barrio "La Hoya", dado que muchos de estos no tienen empleo.

El Presidente Azcona viajó ayer en compañía del jefe de las Fuerzas Armadas, general Humberto Regalado Hernández, a Israel en una visita oficial que lo obligará a ausentarse de sus labores por espacio de 14 días.

Hasta el momento ha sido tradición en el titular del poder ejecutivo dejar en su puesto a Pineda Gómez.

El fin de semana se supo que el designado Alfredo Fortín que pasado mañana arribará a sus 63 años, se hará cargo del gobierno cuando Azcona Hoyo viaje a la cumbre centroamericana que se desarrollará en Guatemala, a finales de junio.

CATEDRÁTICO POR 31 AÑOS

José Pineda Gómez nació en Tegucigalpa, el 2 de junio de 1903 constituyéndose en uno de los primeros hijos del matrimonio formado por Eugenia Gómez de Pineda y Ricardo Pineda, amigo íntimo del general Tiburcio Carías Andino.

Se casó con Enriqueta Galindo quien falleció el 30 de junio de 1977, procreando seis hijos. En la Universidad Autónoma de Honduras se graduó de licenciado en derecho y posteriormente ya como abogado fue catedrático de esa casa de estudios por espacio de 31 años.

Además de haber sido presidente de la Corte Suprema de Justicia en dos oportunidades, Pineda Gómez ha ocupado cargos importantes en la administración pública, entre los que se destacan el de director general de Estadísticas y Censos, en el gobierno del doctor Ramón Villeda Morales, que "ha sido el mejor de todos los tiempos", según sus propias palabras.

Fue así mismo asesor jurídico económico de los trabajadores durante la huelga general de 1954, que significó el inicio de las conquistas de los obreros, y el comienzo del sindicalismo hondureño.

Al comentar con LA PRENSA sobre esta nueva responsabilidad que se le ha asignado, Pineda Gómez refirió que para el constituye un alto honor ocupar el cargo "aunque no sé con lo que me voy a encontrar".

AMIGOS DESEMPLEADOS:

Al enterarse que el designado asumiría el poder durante 14 días son muchos los amigos que le han buscado en su casa particular a fin de que les ayude a colocarse en cualquier puesto de la administración pública.

"Hay muchos amigos que están alegres y pretenden que les dé una oportunidad de trabajo. Hasta el momento -agregó- me han visitado unos cinco, pero yo les digo que se me hace difícil por la sencilla razón que a mí no me gustaría que los nombramientos no sean ratificados por el presidente de la república.

"El ingeniero Azcona me deja muchos acuerdos que sólo tengo que firmar reveló el también coordinador del Movimiento Liberal Rodista (ortodoxo) para luego indicar que estaba preocupado" si me hubiera dejado que yo negociara el problema de los campesinos. Yo le fui a decir el lunes que resolviera el problema primero, para que después se fuera", subrayó.

"TENDRÉ QUE MAÑANEAR"

"Abogado" se le preguntó "¿Usted por qué no asume el poder ese domingo (ayer)?", y respondió "No tomo la presidencia el domingo porque ese día es descanso y no se trabaja".

Pineda Gómez confirmó que ha mandado a confeccionar dos trajes "para ir bien vestido a trabajar porque considero que es un alto puesto y es necesario estar bien presentado".

Ahora me tengo que levantar a las siete de la mañana, porque creo que los de seguridad me van a venir a traer muy temprano y no quiero hacerles esperar", señaló.

El designado presidencial siempre es sujetado de las manos por quien le acompaña al momento de pasar un lugar peligroso, pero "y les he dicho que no lo necesito, porque pese a que tengo una montaña de años, todavía estoy macizo", sostuvo.

Afirmó sentirse en perfecto estado de salud y nunca ha padecido de una enfermedad que lo haya obligado a permanecer en cama durante algún tiempo, únicamente "la gripe de la cual no se salva nadie".

Tras revelar que no le teme a la muerte "porque para ahí vamos todos Pineda Gómez informó que el sueldo que gana como designado presidencial lo destina a la manutención del hogar compuesto por 22 personas que habitan en su casa construida hace 90 años y que tiene área de mil varas.

Roberto Suazo Córdova lo marginó como miembro del Partido Liberal y aunque era presidente de la Corte Suprema de Justicia en la administración el general Policarpo Paz García, ni siquiera lo invitó a la toma de posesión, "Azcona ha sido democráticamente amplio" opinó.

Advirtió que, si el partido Liberal no se une a buscar una sola candidatura, el próximo presidente de la república será el nacionalista Rafael Leonardo Callejas.

QUE NO VUELVA CARIAS

"Yo no quisiera que en Honduras se vuelva a presentar un gobierno similar al del general Carías, ahí hubo muchos liberales perseguidos", apuntó.

"El general Carías, me vigilaba mucho a través de espías, y no me capturó porque había una vieja amistad entre el general y mi padre", relató.

"Pero yo era un ciudadano rebelde. Aquí en esta casa nos reuníamos con el coronel Oquelí y otros liberales para platicar en qué forma nos podíamos sacudir aquel gobierno pero todo fue difícil porque estaba consolidado".

29 DIAS PRESO EN LA PC

Julio Lozano Díaz, otro nacionalista que sucedió a Juan Manuel Gálvez en 1954, metió preso al abogado Pineda Gómez, y lo mantuvo en la Penitenciaría Central durante 29 días tras acusarlo de ser un huelguista.

Recuerda el designado que ese ha sido el momento más amargo vivido en su historia política, al rememorar el momento de su captura el abogado Pineda expresa: "Me encontraba en mi casa, horas de la mañana, de pronto vi que entraron dos sujetos desconocidos vestidos de civil y me gritaron: "Tenemos orden de captura contra usted" "muy bien con mucho gusto les dije y salí de la casa con ellos. Una vez afuera les afirmé que había dejado el sombrero en el cuarto y me dijeron que lo viniera a traer, si yo hubiera querido, me hubiese fugado pero no tomé esa decisión".

Continuó relatando Pineda Gómez que los enviados de Lozano lo trasladaron al cuartel de la policía que quedaba por el barrio Abajo, posteriormente lo subieron a un camión y fue remitido a la PC.

LA PRENSA/25 DE MAYO DE 1987

Reunión que sostuvieron ayer los dirigentes campesinos con el presidente José Azcona Hoyo y el jefe de las Fuerzas Armadas general Humberto Regalado Hernández, donde se puso fin al conflicto agrario que se inició el miércoles anterior. Los labriegos lograron, en el papel, que el gobierno les solucione una serie de problemas, pero no pudieron conseguir la destitución de Mario Espinal de la dirección del INA. *(Foto Salgado).*

El Heraldo/23 de mayo de 1987

AZCONA VISITA HOY CORTE DE LA HAYA

TEGUCIGALPA.- El presidente José Azcona Hoyo visitará hoy en Holanda la Corte Internacional de Justicia, donde se ventila el problema limítrofe con El Salvador y la demanda que Nicaragua ha interpuesto contra Honduras por prestar su colaboración a los contrarrevolucionarios nicaragüenses.

El mandatario y su comitiva, que la integran, entre otros, el designado presidencial Jaime Rosenthal Oliva, el canciller Carlos López Contreras y el jefe de las Fuerzas Armadas general Humberto Regalado Hernándes, llegaron ayer en la mañana a Ámsterdam, Holanda, en donde en horas de la tarde realizaron un paseo en barco en canales de esa capital.

Para hoy a las 9:45 de la mañana tiene prevista una visita de cortesía al presidente de la Corte Internacional de Justicia, y seguidamente visitará las instalaciones de Palacio de la Paz y de la Corte Permanente de Arbitraje.

A la una de la tarde se reunirá con el ministro para la Cooperación al Desarrollo de los Países Bajos, señor Bukman, y a las 4 P.M. dará una conferencia de prensa.

Mañana será recibido en Israel en una ceremonia oficial, que se realizará en el "Jardín de las Rosas", de Jerusalén, y la mañana del jueves se reunirá con el presidente de ese país. Asimismo, el presidente Azcona y su comitiva viajará el jueves al Monte de Herzel, donde colocará una ofrenda floral, lo mismo hará en Yad Vashem (memorial al holocausto).

A las 11 de la mañana, siempre el jueves, se reunirá con el primer ministro Yitzhak Shamir, y a la una de la tarde viajará a Belén con el alcalde de Jerusalén y seguidamente hará un recorrido por esta ciudad.

El viernes próximo se reunirá con el primer ministro alterno y ministro de Relaciones Exteriores de Israel, Shimon Peres, y después de recorrer los lugares santos del norte, visitará el Kibutz Ayelet Hashachar.

Para el sábado próximo está programada las visitas a las alturas do Golan, Nazaet y Haifa, y después de permanecer 3 horas en la residencia del embajador de Honduras, en Hertzliva, cerca de Tel Aviv, hará un recorrido por Yafo y luego regresará a Jerusalén.

El domingo asistirá a la inauguración de un bosque, luego hará una visita a la industria aérea y al museo de La Diáspora.

El lunes próximo visitará Masada, el Mar Muerto y el parlamento israelí, dará una entrevista a la radio "Voz de Israel" y después una conferencia de prensa, y los ministros de Relaciones Exteriores de Israel y Honduras, firmarán varios acuerdos.

Para el martes próximo está prevista la despedida del presidente Azcona y su comitiva de Israel, donde tomará un avión de la KFM rumbo a Ámsterdam, Holanda.

Aunque la gira del mandatario y su comitiva durará 14 días, en el programa no se informa si en Holanda permanecerá más días, tampoco se señala el día y hora de regreso a Honduras. (TDG)

Tiempo/26 de mayo de 1987

PRIMERA DAMA RECIBE AGASAJO DEL PRESIDENTE Y FUNCIONARIOS

El presidente de Honduras, José Azcona Hoyo y sus funcionarios agasajaron a sus esposas con motivo de la reciente celebración del Día de la Madre con una recepción que se llevó a cabo el pasado viernes 22, en horas de la noche.

El presidente José Azcona coloca un "corsage" a su esposa, Miriam de Azcona. *(Foto Aulberto Salinas).*

Jaime Rosenthal, Rodrigo Castillo y Efraín Bú Girón, departen con el mandatario hondureño. *(Foto Aulberto Salinas).*

La Prensa/26 de mayo de 1987

AZCONA VISITARÁ HOY CORTE INTERNACIONAL DE JUSTICIA

TEGUCIGALPA.- El Presidente José Azcona Hoyo se reunirá hoy con el presidente de la Corte Internacional de Justicia de La Haya y con el ministro holandés para la cooperación al desarrollo de los Países Bajos en el marco de la gira de 14 días que realiza por Europa e Israel.

La Secretaría de Relaciones Exteriores dio a conocer ayer el itinerario del gobernante que viajó el domingo a las siete horas en lo que constituye la primera gira fuera del continente americano.

A las tres de la tarde (hora de Honduras, Azcona Hoyo ofrecerá a los periodistas holandeses, una conferencia de prensa donde hablará, presumiblemente de la situación político militar que vive el área centroamericana y la posición que mantiene su gobierno en relación a este problema.

Posteriormente Azcona y su comitiva entre los que figuran el general Humberto Regalado Hernández, el canciller Carlos López, y el designado Jaime Rosenthal, visitarán los museos y zonas comerciales de Ámsterdam.

Para mañana se tiene previsto su partida hacia el Medio Oriente, donde estará llegando a Israel a las 18:45 horas y luego de la ceremonia oficial de recibimiento el mandatario se trasladará al hotel.

El jueves 28 a las ocho de la mañana, el presidente de la república se trasladará a la residencia del presidente de Israel a las 11 de la mañana se entrevistará con el primer ministro, señor Yitzhak Shamir.

Luego, y tras realizar un viaje a Belén y a la Basílica de la Natividad Azcona Hoyo se reunirá con el alcalde de Jerusalén y después hará un recorrido por la ciudad.

El viernes se entrevistará con el primer ministro de Relaciones Exteriores Shimon Peres y luego viajará al norte del país y visitará los lugares santos.

El periplo de Azcona continuará el sábado viajando a las "alturas de Golán", luego a Nazaret Haifa y Tel Aviiv, en este último lugar se entrevistará con el embajador de Honduras en Israel, Moisés Starkman.

El domingo los viajeros visitarán centros turísticos y el lunes primero de junio visitarán Masada y el Mar Muerto, para luego, y en horas de la tarde, hacer acto de presencia al parlamento israelí.

Ese mismo día Azcona Hoyo firmará acuerdos de asistencia recíproca y brindará una conferencia de prensa.

El martes 2 de junio el presidente de la república y sus acompañantes regresarán al "Jardín de Rosas" donde se le despedirá oficialmente. A las 9:10 de la mañana abandonará Israel en la aerolínea "KLM" 526 con destino a Ámsterdam para posteriormente volver a Honduras.

La Prensa/26 de mayo de 1987

IRRESPETO Y NEGLIGENCIA

En la fotografía publicada por el Diario "El Heraldo", el sábado 23 de mayo, del corriente año, en primera página, referente a la reunión sostenida entre dirigentes campesinos y el señor Presidente de la República, aparecen dos dirigentes obreros sin descubrirse en el despacho presidencial. Uno con gorra y otro con sombrero. Cómo pueden discutirse asuntos que afectan a toda una nación con personas que no guardan ningún respeto, consideración y cortesía para la presidencia de la República

La falta no solamente es de los dirigentes campesinos, que además es muestra de prepotencia ajena a nuestro modo de ser, sino que también es una grave negligencia de los asistentes del señor Presidente que son incapaces de señalarle a las visitas el modo de comportarse ante el señor Presidente de la República

Estas circunstancias que parecen elementales, deben mantenerse, cumplirse y respetarse; de lo contrario seguiremos presentando, la imagen de irrespeto, de falta de consideración y educación a las máximas autoridades de la República. Debemos recordar que lo cortés y la educación no violan, ni quitan lo valiente.

La próxima vez que se reúnan los dirigentes campesinos con el señor Presidente de la República, por favor señores encargados del Protocolo de la Casa Presidencial, indíquenles a los visitantes, que el señor Presidente de la República, sea quien sea, merece respeto y que hay que destaparse, cuando se entra en una casa cualesquiera que sea.

EDGARDO DUMAS RODRIGUEZ
San Pedro Sula

LA TRIBUNA/26 de mayo de 1987

¡ESE SI ES COMPADRAZGO!

La buena noticia es que momentáneamente se apaciguaron los campesinos y van a dar una tregua mientras se ve cómo va a funcionar una comisión que se encargará de meterle vapor a la marcha de la reforma agraria.

Para el sector oficial, lo bueno fue que impusieron al director del INA a sangre y fuego. "Mejor renuncio yo --dijo el presidente Azcona-- antes que aceptarle la renuncia a Mario Espinal". Ese si es compadrazgo y no papadas. Así que dejen de estar tentando a Marito, que estos días por andar pidiendo cambios en el INA nos quedamos sin presidente.

Y las dirigencias campesinas que amenazaban con "llegar hasta las últimas consecuencias" si no sacaban a Espinal, se quedaron burlados, --será, en las penúltimas consecuencias--, porque el director del INA sigue, firme como el lempira, vivito y coleando.

El presidente Azcona de todas formas. no tenía ni la más mínima intención de aplazar su viaje a Israel porque los campesinos se habían revuelto. Él dice que todos esos bochinches son muy normales en democracia, y que las organizaciones gremiales se pueden alborotar todo lo que estas quieran porque la democracia da derechos que hay que respetar; uno de estos el sagrado derecho al bochinche, al tumulto y a la molotera.

Nosotros en realidad no le vemos mucha diferencia a lo que sucede ahora, que estamos en democracia, y a lo que acontecía cuando estos problemas se daban en gobiernos militares.

Allá, las organizaciones gremiales, tales y cuales, se tomaban cualquier instalación pública o privada como medida de presión para que les atendieran sus reclamos. O mejor aún, se declaraban en huelga, cuando mejor les parecía, para presionar por conquistas o peticiones. Y así, bajo presión, el gobierno o quien fuese, alguna solución le encontraba a las cosas, y parte sin novedad. Nada más que ya las leyes de nada servían, porque nadie cumplía con ningún trámite legal para reclamar algo. A quien no le gustaba una situación se declaraba en rebeldía, iniciaba acciones de presión, y a negociar todo al margen de cualquier marco o disposición legal.

Los militares, dicho sea de paso, siempre estaban abiertos al diálogo, les encantaba platicar. Todo se arreglaba negociando. Era una platicadera perra la que se tenían y de lo que menos se hablaba era de la aplicación de la ley. Claro, la justificación era que, de todas formas, para qué se iba respetar la ley si aquello no era un régimen legal. Decían que como los gobernantes tenían la Constitución vigente en lo que no se opusiera a su proclama entonces si los de arriba estaban ilegales, ¿qué les podían pedir a los de abajo?

Todos pensábamos que en los gobiernos constitucionales las cosas iban a cambiar. Teníamos la impresión que a partir de la Constitución, las cosas se iban a ventilar, a discutir y a resolver enmarcados en la ley. Pensábamos que habría respeto de la norma jurídica en la solución de los conflictos.

Pero miren que sorpresa. Muy poco han cambiado las cosas.

Como a los campesinos y a los demás, nunca les resuelven nada, o no les dan todo lo que piden, entonces éstos proceden en la misma forma que lo hacían antes. Invaden tierras y se toman las instalaciones públicas, para reclamar un derecho. Una vez que el gobierno tiene la pistola en la sien, entonces recurre al diálogo, al estilo de antes. La ley no vale nada. No sirve para normar la conducta de gobernantes y gobernados. Y como coincidencia, no son los civiles quienes arreglan los problemas tampoco. Como que son los militares quienes los siguen resolviendo. A nada hubieran llegado en este relajo del INA si no es que se mete el jefe de las Fuerzas Armadas y sus asesores a mediar en el conflicto.

Las dirigencias campesinas les hacen más caso a éstos que a esa comparsa de ministros que rodean al presidente Azcona. Y como ya se están volviendo a cimentar los precedentes que aquí las cosas sólo se arreglan a la brava, con presiones y hasta que se hace bochinche, ya van a ver lo que viene. Todo mundo se va a revolver, para obtener a la fuerza lo que quiere.

Explíquenos entonces. ¿Cuál era la diferencia en esto y aquello? A saber. Porque hay quien piensa, de veras, que anarquía y democracia son la misma mica con distinta cola.

La Tribuna/26 de mayo de 1987

BONITO ORIENTAL, MUNICIPIO 10 DE COLON

El pasado 1º. de Mayo, el señor Presidente de la República, Ing. José Azcona y a través del Ministerio de Gobernación y Justicia, dispuso elevar al rango de MUNICIPIO, a la Aldea de BONITO ORIENTAL, constituyéndose así en cl 286 de Honduras y en el No. 10 y "Benjamín" del ubérrimo departamento de Colón.

Desde hace más de 15 años la comunidad de BONITO ORIENTAL pedía su independencia del Municipio de Trujillo y después de ardua tarea, constancia y dedicación lograron su objetivo, para hacer su gobierno local, al que, sin temor a equivocarnos, sabrán darle todo el empuje y garbo que necesita, pues esta localidad cuenta con centros educativos, aeropuerto, negocios, oficinas del Estado, fábricas, etc.

No sabemos la demarcación política que tendrá el nuevo Municipio de BONITO ORIENTAL, pero comprendemos que tanto Trujillo, como Limón y posiblemente Tocoa, sufrirán económicamente el advenimiento de este nuevo vástago de la familia nacional Municipal.

Ante este acontecimiento que mucho enaltece y alegra a los BONITEÑOS, y como nativos de Colón, les pedimos la mejor compostura del caso y los excitamos para que en un solo haz de aspiraciones hondureñistas unifiquen y consoliden criterios, para que el "Benjamín" BONITO ORIENTAL, surja con luz propia y sus autoridades edilicias sean nativas del lugar.

Con la nueva creación municipal, el departamento de Colón, que da conformado por 10 Municipios, así: TRUJILLO, Santa Fe Balfate, Limón, Iriona, Santa Rosa de Aguán, Tocoa, Sonaguera, Savá y Bonito Oriental.

Manos a la obra y a unificar criterios y a trabajar duro.

Trujillo, mayo de 1.987

Prof. Edilberto Cuevas Bustillo

El Heraldo/26 de mayo de 1987

AZCONA SE ENTREVISTA HOY CON EL PRESIDENTE DE CORTE DE LA HAYA

El mandatario José Azcona se reunirá hoy con el presidente de la Corte Internacional de Justicia de La Haya, Holanda, en su segundo día de la visita privada que realiza a los Países Bajos.

Azcona y su comitiva presidencial arribaron ayer en horas tempranas a Ámsterdam y de acuerdo al programa la única actividad que tuvo fue un paseo en barco por los canales de la capital holandesa.

Después de la reunión con el presidente de la Corte Internacional de Justicia, el mandatario tendrá un almuerzo de trabajo con el ministro para la Cooperación al Desarrollo de los Países Bajos, Biet Bukman.

En horas de la tarde de hoy, Azcona ofrecerá una conferencia de prensa, luego visitará la zona comercial de Ámsterdam y mañana saldrá rumbo a Israel.

La presencia del mandatario hondureño en Holanda reviste gran importancia para los intereses de Honduras dado que en la Corte Internacional de Justicia se ventilan dos juicios en que está involucrado el país.

El primero es referente a la delimitación fronteriza con El Salvador y el segundo es una demanda interpuesta por el gobierno de Nicaragua por permitir operaciones de las contras en territorio hondureño.

PEREGRINACIÓN EN ISRAEL

De acuerdo al programa de la visita oficial que el presidente Azcona inicia mañana en Israel, la mayor parte del tiempo comprende una peregrinación por la Tierra Santa, pues solamente aparecen pocas actividades de trabajo.

El presidente José Azcona y su comitiva al momento de dirigirse a abordar el avión comercial que lo trasladó el domingo anterior a Houston de donde partió a Holanda.
Es la primera vez en la historia de Honduras que un mandatario realiza una visita oficial a países fuera del continente americano.

El mandatario será recibido oficialmente en el jardín de las Rosas, cerca del Parlamento Israelí en Jerusalén. El jueves en horas de la mañana se reunirá con el presidente y con el primer ministro, Yitzhak Shamir, en forma separada.

Ese mismo día, Azcona viajará a Belén y visitará la Basílica de la Natividad y en horas de la tarde se entrevistará con el alcalde de Jerusalén.

El viernes, Azcona se reunirá con el ministro de Relaciones Exteriores de Israel, Shimon Peres y luego se trasladará al norte de ese país para visitar los lugares santos.

El gobernante y su comitiva visitarán el sábado las alturas del Golan, Nazaret y los "Kibbutzin" de Haifa, Yafo y en horas de la noche retornará a Jerusalén. El domingo Azcona inaugurará un bosque y visitará la industria aérea y el museo de la Diáspora.

El programa del presidente Azcona continuará el lunes 1 de junio visitando Masada y el Mar Muerto. Luego estará en el Parlamento israelí, ofrecerá una conferencia de prensa y asistirá a un festival folclórico en el Teatro de Jerusalén.

Ese mismo día, los ministros de Relaciones Exteriores de Israel, Shimon Peres y de Honduras, Carlos López Contreras, firmarán acuerdos de cooperación técnica y económica.

Azcona finalizará su visita oficial a Israel el martes 2 de junio y se espera que retorne a Tegucigalpa el viernes 6 de junio.

La Tribuna/26 de mayo de 1987

[Ayer llegó a aquel país]

AZCONA SOLICITARÁ MÁS AYUDA A HOLANDA

AMSTERDAM, (AP) El presidente de Honduras, José Azcona Hoyo, llegó ayer a Holanda para una visita de dos días durante la cual pedirá más ayuda de Holanda para su país, según se anticipa.

Es probable que Azcona Hoyo, cuyo país recibió el año pasado 4,5 millones de florines (2.25 millones de dólares) en ayuda holandesa, formulará su pedido de nueva ayuda en el curso de una reunión hoy con el ministro holandés de Ayuda para el Desarrollo, Piet Bukman, según informó el embajador Mario Carías Zapata.

Azcona Hoyo tiene previsto también visitar la Corte Internacional de Justicia, brazo judicial de las Naciones Unidas. Honduras está actualmente enfrascada en una disputa fronteriza con El Salvador en un caso que ventila el tribunal, así como en otro presentado por Nicaragua relacionado con las presuntas actividades rebeldes antisandinistas en suelo hondureño.

Azcona Hoyo viajará el miércoles a Israel.

El Heraldo/26 de mayo de 1987

EN ISRAEL

PRESIDENTE VISITARÁ LA FÁBRICA DE AVIONES KFIR

JERUSALEN, May (EFE). -El presidente de Honduras, José Azcona Hoyo, llegará a Israel este miércoles para una visita oficial de siete días, invitado por su colega israelí, Jaime Herzog.

Azcona se entrevistará con Isaac Shamir, jefe del gobierno de "unión nacional", y con Shimón Peres, ministro de Relaciones Exteriores.

El presidente hondureño, que arribará a Israel acompañado de su esposa, visitará las instalaciones de la Industria Aeronáutica Israelí (IAI) y el consorcio "Tadiran" de equipos electrónicos para uso civil y militar.

Hace algunos meses se informó que Honduras estaba estudiando la posibilidad de adquirir cazas de combate "KFIR", fabricados por la IAI, pero esta compra todavía no se ha hecho firme.

El ministro de Relaciones Exteriores de Honduras, Carlos López Contreras, el pasado septiembre dijo en Jerusalén que su país adquirido aviones israelíes "Super Mystere" durante la guerra contra El Salvador, en 1969.

Azcona, primer presidente hondureño en funciones que visita el estado de Jerusalén y la iglesia de La Natividad de Belén, en la Cisjordania ocupada.

Según la radio estatal de Jerusalén, durante la visita de Azcona los dos países suscribirán acuerdos de turismo.

Carlos Orbín Montoya, presidente del Congreso hondureño, durante la visita que efectuó a Israel el pasado enero al frente de una delegación parlamentaria de su país, anunció que Azcona firmaría convenios de cooperación tecnológica y agraria con los israelíes.

El presidente hondureño asistirá a una ceremonia en la que se dedicará un bosque a la República de Honduras en los montes de Jerusalén.

También visitará el parlamento israelí, ("Knesset") y conversará con su presidente, el diputado laborista Salomón Hiel.

La comitiva presidencial estará integrada, entre otras personalidades, por el vicepresidente hondureño, el comandante en jefe de las Fuerzas Armadas, general Humberto Regalado Hernández, y por el titular de asuntos exteriores, Carlos López Contreras.

Hace tres meses, la oposición israelí de izquierda exigió explicaciones al gobierno sobre ventas de armas al ejército de Honduras, posiblemente armas de fabricación soviética que no utilizan las fuerzas armadas hondureñas y que podrían haber ido a parar a la "contra" nicaragüense.

El Heraldo/26 de mayo de 1987

En cumbre de presidentes:
HONDURAS PRESENTARÁ OTRO PLAN DE PAZ

***Católicos protestan porque están usando a Esquipulas para cuestiones políticas

GUATEMALA/UPI. -- El plan de Paz del presidente de Costa Rica, Óscar Arias, ya ha sido aceptado para su discusión por los cinco gobiernos del área durante la cumbre de Esquipulas, que se efectuará los días 25 y 20 de junio, dijo hoy el vocero presidencial Julio Santos.

"Algunos de los cancilleres han manifestado pequeñas modificaciones al plan y precisamente estas son las que se estudiarán en la reunión", dijo Santos.

El plan presentado por Arias contempla el cese del fuego, el diálogo entre los grupos alzados en armas con sus respectivos gobiernos y la salida de todos los asesores militares extranjeros de la zona.

También exige la formación de una comisión que debe rendir periódicamente informes sobre si se cumple o no lo pactado.

Los cinco presidentes centroamericanos han aceptado su asistencia a la reunión, incluyendo al presidente de Nicaragua, Daniel Ortega.

"Sólo con el hecho de que se reúnan los cinco mandatarios en un foro de esta categoría, la tensión en Centroamérica disminuye", dijo el vocero presidencial.

Según Santos, el presidente de Guatemala, Vinicio Cerezo considera que el Plan Arias "es interesante", y que por ello ha sido aceptado para su discusión.

AZCONA

Sin embargo, el mandatario hondureño José Azcona de Honduras, antes de partir a su viaje por Holanda e Israel, expuso que su país tenía otro plan de paz y en tanto el gobierno de Nicaragua, aseveró que en Esquipulas presentaría también otro suyo.

En mayo del año pasado, también en Esquipulas, se llevó a cabo la primera reunión presidencial a instancias de Cerezo, sin que se llegara en esa ocasión a ningún acuerdo. para lograr la paz en la región.

Esquipulas se encuentra a 110 kilómetros al este de la capital guatemalteca y a 10 kilómetros del triángulo fronterizo entre Guatemala, Honduras y El Salvador.

Serias dudas surgieron hoy de si Esquipulas podría ser la sede de la segunda reunión, ya que diversos grupos católicos han levantado una ola de protestas por ser usado para cuestiones políticas, ya que en dicho lugar se venera la imagen del Cristo Negro de Esquipulas, esculpido por el artista portugués Quirio Catano en 1595 y al cual se le atribuyen numerosos milagros.

Ello movió al arzobispo de Zacapa, Rodolfo Estrada Toruno a indicar que este año no se dejará usar el templo como en la reunión pasada, en vista de la petición de los católicos que consideran al lugar como "la capital de la fe católica" y que es un sacrilegio que hombres como el presidente "que es ateo", lo usen para fines políticos.

Existe ante ello la posibilidad de que la reunión sea trasladada a la Ciudad de Antigua a 25 kilómetros al oeste de la capital, lo cual tendrá que determinar el gobierno en los próximos días.

Tiempo/26 de mayo de 1987

COPA SANDINO:
HONDURAS SACÓ PRIMEROS PUNTOS

***Hungría y Rusia, los favoritos

LEON, Nicaragua. (Por Jorge Alberto Cálix, enviado especial) La selección de Honduras, por intermedio de Olga Méndez, venció a la campeona de Nicaragua, Georgina Prado, al inaugurarse el domingo anterior en el Gimnasio local, la VIII Copa Sandino de Tenis de Mesa, en esta ciudad.

Los actos, inaugurales, que se iniciaron a las 5 p.m., fueron precedidos por Martha Isabel Cranwscho, Ministra delegada de la Presidencia de la República en León, quien también juramentó a los atletas participantes compuestos por 10 delegaciones.

La seleccionada nacional de Honduras, Olga Méndez, logró su primer punto dominando a Georgina Prado, campeona de Nicaragua, con los siguientes marcadores: 21/19, perdió 16/21 y recuperó puntuación ganando 22/20.

María Elena Laínez, hondureña, perdió frente a la nicaragüense Jackelyn Álvarez y, en doble femenino entre Méndez y Laínez, ganaron a Nicaragua para mantenerse a la cabeza 3/2, en el certamen.

Los varones no tuvieron el mismo rendimiento que las mujeres y fueron dominados por la selección colombiana que integran Luis Cuervo, campeón, Juan Ríos y Linn Feng Ting. La selección hondureña está integrada por Juan Carvajal, Roberto Flores y Francisco Lanza, los que perdieron 5/0.

En otros resultados femeninos Guatemala dio cuenta de México 3/1 y El Salvador ganó a la selección B de Nicaragua 3/0, mientras que Cuba en doble combinados superó a Colombia 3/2.

El torneo ha entrado en su etapa más importante donde los Centroamericanos tendrán que medirse a las representaciones de Rusia, y Hungría, considerada por los expertos, en los favoritos para ganar la VIII Copa Sandino.

CONGRESO

El Vice Presidente de la Federación de Tenis, Helio Ferrel, el árbitro internacional Olman Alfaro, el presidente del Comité Organizador, José Molina y el director de eventos, Juan Oviedo, presidieron el Congreso que se realizó en horas de la mañana.

Asistieron los delegados Hamory Tibor (Hungría), Luis Eduardo Cuervo (Colombia), Melesio Eduardo Rivera (El Salvador), David Presentación Argueta (El Salvador), Carlos Iturbe (México), José Antonio Álvarez (Guatemala), Armando García Camacho (Cuba); Valery Sorkisnov y Gaigory Valkin (Rusia), Eddy Otero y Mario Molina (Nicaragua) y por Honduras Armando Zelaya, de la Federación Deportiva y Kenet Rivera, presidente de la Asociación de Tenis.

La selección de tenis de mesa que está en Nicaragua aparece en la gráfica con el Presidente de la República, José Simón Azcona, después de habérseles juramentado.

Tiempo/26 de mayo de 1987